中国校本教研与校本课程数字出版平台
中国校本教研网 www.schooledu.com.cn
◎特别推荐◎

幼儿优秀品质26条培养策略

陶继新 陶雪梅◎主编

江苏教育出版社

图书在版编目（CIP）数据

幼儿优秀品质26条培养策略/陶继新，陶雪梅主编.
—南京：江苏教育出版社，2012.9
ISBN 978-7-5499-2049-5

Ⅰ.①幼… Ⅱ.①陶…②陶… Ⅲ.①学前教育—教学研究 Ⅳ.①G612

中国版本图书馆CIP数据核字（2012）第139222号

书　　名	幼儿优秀品质26条培养策略
主　　编	陶继新　陶雪梅
责任编辑	严明瑗　马春霞
出版发行	凤凰出版传媒集团
	凤凰出版传媒股份有限公司
	江苏教育出版社（南京市湖南路1号A楼　邮编210009）
苏教网址	http://www.1088.com.cn
集团网址	http://www.ppm.cn
照　　排	润星之源文化有限公司
印　　刷	三河市华润印刷有限公司
厂　　址	河北省三河市杨庄镇杨庄村
开　　本	787毫米×1092毫米　1/16
印　　张	15.25
字　　数	242千字
版　　次	2012年9月第1版　2012年9月第1次印刷
书　　号	ISBN 978-7-5499-2049-5
定　　价	30.00元
邮购电话	025-85406265,85400774　短信　02585420909
E - mail	jsep@vip.163.com
盗版举报	025-83658837

苏教版图书若有印装错误可向承印厂调换
提供盗版线索者给予重奖

解读孩子，发现自己

我的父亲陶继新先生一直在教育之路上行走，如今虽已退休，但在教育界比在职时更活跃。采访、写稿、著书、讲座、评课，生活于他恰似一首昂扬的进行曲。近三十年的教育实践使“己欲立而立人，己欲达而达人”的忠恕哲学已渗入其骨血，成为他为人立世之原则。家父已逾耳顺之龄，然其形神样貌、行走坐卧绝无老态，其精力之充沛、思维之敏锐令我这壮年之人难望其项背；其心态之积极、遇事之达观常使我于失落时迅速重拾信心；其心境之平和、灵魂之欣悦使我们的大家庭常沐喜乐。我想，教育已不仅是他的事业，而已成为一种影响他一生的精神。

因父亲的缘故，我对教育一直颇感兴趣，但真正融入教育还是近些年的事。如果说父亲是我教育之路上的灯塔，我的女儿则是我进入教育领域的契机。一路打拼，均是外求的努力，直到为人母之后，那生命的鲜活让我看到了另一个世界，并牵绊住我的脚步，让我在其间驻足流连。看到孩子清澈到透明的眼睛，我发现了一个无限广阔的内在世界；看着孩子每日拔节一般的成长变化，我又陷入深深的惶恐。原来我对于生命竟然一无所知，而对于承担重责的教育者的身份完全陌生。那一刻，我意识到生命给了我一个新的课题，就是学习成为一个陪着孩子成长的母亲。

这一路走来，因为有父亲身教的典范和不断的引正，因为有我如饥似渴的学习和摸爬滚打的实践，教育的美已深得我心，这门关乎生命和成长的学问令我折服，教育以及相关学科的深邃使我着迷。浸润其间，我懂得了如何解读孩子，也同时发现了一个真正丰富的自己。在教育之路上，虽然我还只能算是个浅薄的行者，但是我常常会不由自主地向有机会接触的人，尤其是父母或老师，发出诚挚的邀请，邀请他们进入这广阔的时空，通过对孩子的了解和教育，重新发现自己、丰满自己，活出更深刻的生命意义和价值。

这次，能够与我敬爱的父亲一起主编一本较为系统的教育类图书，才疏学浅的我备感荣幸。本书是江苏教育出版社策划出版的“幼师成长”系列套书中的一本。此套书的作者都是严肃的教育科学工作者，他们有着深厚的理论基础，同时心怀对教育的赤诚，用严谨、科学的方式把幼儿教育领域里的一些重要课题呈现出来，并用鲜活真实的案例加以佐证，以行之有效的方法给读者提供明晰的操作思路。全书可读性强，既可以整体阅览，也可以根据自己的需要分章查阅。在科技发展日新月异的时代，新的教育问题也层出不穷，这本主要以教育学和心理学理论为依据的图书，正是对当下教育现象的有效分析和处理，相信定会给关注教育的读者以启发。同时，本书在编写过程中引用了一些见诸著作、网络的材料，在此对作者表示衷心的谢意。

教育是现实的，但同时教育又最需要理想的引领。在我的内心有着深深的渴望，就是希望更多的人，尤其是父母和教师，能够因为对孩子的关注而爱上学习、爱上教育，并随着孩子的成长，发现并挖掘自己身上更强大的善的力量，从而推动我们的家庭、我们的学校、我们的国家向着更好的方向前进。

陶雪梅

2012 年夏至

目录

Contents

通过体验培养幼儿的合作品质

（一）培养幼儿合作品质的重要性

我国著名幼教专家陈鹤琴先生曾指出，要做一个现代中国人，必须学会合作。合作其实是指两个或两个以上的个体为达到共同的目的而共同进行某一活动的行为。从广义上来说，合作又是人类在进行人际交往、参与社会活动时表现的一种行为技能。

合作在幼儿时期具有举足轻重的作用，学会合作，学会主动寻求合作，能够帮助幼儿在与同龄儿童的交往中修正自己的行为，建立归属感，提高社会适应能力，从而有勇气面对生活。

合作是亲社会行为的一种表现。作为品质培养的一个方面，幼儿若具备良好的合作意识和行为，对幼儿的个性、情绪、情感和认知等方面的发展都具有十分重要的意义。

马克思曾说："一个人的发展取决于和他直接、间接进行交流的其他一切人的发展。"这就是说，人作为社会化的客体，每个人又在影响着他人。人们是在相互合作过程中求得自身的发展从而实现自身价值的。由此看来，合作是每个人特别是每一个幼儿成长发展的迫切需要。

1. 合作是幼儿适应未来发展、立足社会的重要品质

未来社会是竞争与合作并存的社会。只有能与人合作的人，才能获得生存空间；只有善于合作的人，才能获得更多的成功机会。随着社会的不

断发展，人们只有具备合作的品质，才能在竞争激烈的社会中立于不败之地。

2. 合作能促进幼儿之间知识、经验、情感的交流

合作交往是人类生存、发展的重要要求。幼儿在进行合作活动的过程中，往往会将自己已有的知识经验、自身的想法观点与合作对象进行沟通交流，相互补充。因此，在教育活动中幼儿不仅能够得到成功，丰富自身的知识经验，还更能促进幼儿间的情感交流。

3. 幼儿期是培养合作意识的关键时期

幼儿期是各种良好品质形成的关键时期，而合作是最重要的良好品质之一。这是因为善于合作对幼儿目前的生活习惯的养成以及未来的发展都能够产生积极的影响。反之，就会产生消极的作用，影响未来的发展。

4. 合作有利于幼儿形成良好的心理素质

由于成长环境相对封闭，很多幼儿存在着不良的心理素质。培养他们互相合作的品质，可以让他们融入集体，在团体合作中感受成功的喜悦，感受集体的力量，逐渐形成开朗活泼、勇敢积极的良好心理素质。

5. 合作有利于集体凝聚力的形成

凝聚力的大小是衡量一个集体发展水平、团结、气势和战斗力的重要标志。一个没有合作精神的团体，往往是松散的，矛盾多，成员各自为政。反之，当幼儿都具有良好的合作意识时，他们就会为共同的目标而努力，这样的团体具有强大的战斗力、向心力。

苏霍姆林斯基说：“良好的品质是在童年时期形成的，如果童年蹉跎，失去的将无法弥补。”因此，教师更应注重在这一时期加强对幼儿合作品质的培养。

（二）经典教育活动案例

活动目标：

（1）让幼儿能与其他小朋友合作。

（2）引导幼儿树立合作意识，让他们在合作中不断成长。

（3）通过游戏活动让幼儿感悟合作的重要性，并自觉和其他小朋友合作。

活动准备：

积木、铲子、漏斗等。

活动过程：

活动一

小成长得很好看，个子比一般的孩子都高，人非常聪明，无论是动手能力还是语言表达能力都不错，所以在同班的小朋友中威望很高。

有一次，老师组织孩子们玩堆积木的竞赛游戏。全班孩子分成两组，按照图样用积木搭建城堡。小成带领一组小朋友，另一个女孩带领另一组。

搭到一半的时候，小成和同组的小朋友吵了起来。

“告诉你拿黄色的积木，你偏拿来蓝色的。”小成呵斥那个小朋友，“看看，又错了吧！”

那个小朋友吓得低着头不敢说话，求助似的看着别的小朋友。其他小朋友也都停了下来，围在一旁，害怕地看着他。

“看什么呀？”小成更生气了，“快点，他们（指另一组）都快搭完了！”

小成一个劲儿地催同组的小朋友，可他们都怕再出什么错，动作反而更慢了。小成急得不得了，跑前跑后，大约二分之一的工作都被他抢过来做了。由于他四处跑动，影响了其他小朋友的动作，搭建速度更慢了。结果，另一组在规定时间里完成了任务，小成带领的小组输了。

“都怪你！”小成把积木推倒在地，指着拿错积木的小朋友吼起来，“就怪你！”

那个小朋友“哇”的一声哭了起来……

这时，老师告诉孩子们：“这个游戏需要大家一起来完成。一个人就算再有力量，也不可能比十个人的力量大。现在老师给大家讲一个《一根筷子和十根筷子》的故事，听完后，请大家说说其中的道理。”

老师的故事刚讲完，小成抢先发表看法：“团结才有力量。”

“小成说得很对！”老师说，“大家给他鼓掌！”

掌声过后，老师摸摸小成的头，说：“刚才你们在搭城堡的时候有没有发扬团结的精神呢？有没有和大家合作呢？”

此时，小成的脸红了，说：“老师，我错了。”

活动二

午睡过后，老师带着小朋友们来到了户外，组织他们做玩沙活动。

老师先提出了玩沙的要求：“请你们找一个好朋友一起玩沙，但是玩的时候一定要保持安静，要和好朋友一起商量，分工合作。遇到问题时，大家要协商解决，不能拿着工具把沙子往空中扬。最后大家一起评出最棒的沙雕作品。好吗？”

“好！”

活动开始了。孩子们都拿着自己带来的玩沙工具，有的邀请了好朋友一起玩，有的独自一人玩。

老师站在沙池边上看见思思找了一个空位置，慢慢地蹲了下来，右手拿着一把铲子，不停地往下挖。

可是，还不到2分钟，思思就站了起来，用脚把刚才挖的洞填满，然后走到沙池的角落边，又开始了她的新创作。这次她用上了她的小漏斗，左手持漏斗，右手持铲子，不停地往漏斗里灌沙，思思低头看着沙子慢慢地从漏斗里漏出来，一脸的喜悦。

这一次持续的时间也不长，不一会儿思思就嘀咕了一声“不好玩”，便拿着工具离开了。

这时，老师悄悄地走到了思思旁边，轻声对她说：“思思，我刚才看见你挖了个沙洞，又大又深，很能干哦！我们一起合作吧，把几个洞连在一起，再堆两个沙丘，好不好啊？”

思思高兴地说：“好。”

不一会儿，思思和老师的作品就完成了。思思特别开心，连忙邀请其他小朋友来观赏。“你们快来看啊，这是我和老师的作品，很漂亮吧？”说完，思思转身给老师一个拥抱："谢谢老师！"

刘老师摸了摸思思的头说："不用谢！你很能干，等会你可以去邀请一个小朋友，跟他一起合作，老师相信你们的作品肯定会更棒！"

思思面带着微笑，四处张望了一下，看见鹏鹏也是一个人在玩，便走了过去。

"我们一起来合作吧？"思思问。

"不要了，我不会的。"鹏鹏推辞着。

"两个人一起合作可以分工，还可以相互帮助的，来吧！"思思说。

"那好吧。"鹏鹏终于答应了思思的要求。

只见思思和鹏鹏一个负责运沙，一个负责堆沙，堆成小山之后，他们又捡来了树叶，把它当成旗帜插在"山顶"上。他们还挖了三个沙洞，最后再把洞都连起来，作品完成了。

思思开心地朝老师挥了挥手，大声地说："我们胜利啦！"

老师会心地笑了，对他们说："你们俩合作成功了，真不错！"

（三）反思拓展

幼儿期是合作意识和各种合作能力产生和形成的关键期。通过合作，幼儿可以体验到合作的乐趣和成功的喜悦。对于幼儿来说，他们在游戏、学习和生活中，能主动配合，分工合作，协商解决问题，协调关系，这样他们的合作便会发挥出应有的功效，就像上述两个教育活动一样，最终幼儿都能较好地参与合作，并取得一定的成绩。

合作品质是难能可贵的，教师又该如何培养幼儿的这种品质呢？

1. 引导幼儿树立正确的合作意识

和谐、温馨的环境是幼儿成长的基础、健康的保证。现在的幼儿几乎都是独生子女，在家庭中，他们很少有机会以一个平等的自然人的身份与家庭中的其他成员交往。这样对培养他们的合作品质非常不利。

合作品质的培养有一个很重要的前提，就是群体或团体中的成员必须是平等的，如果每一个孩子都认为自己处在集体的优势地位，在任何活动中都充当指挥者、领导者和策划者，那么与同伴的合作就无从谈起。

例如，在玩交通游戏时，如果没有人扮演行人和司机，都抢着扮演警察，那么警察又来指挥谁呢？

教师应在潜移默化中帮助幼儿确立正确的意识，让他们懂得大家都是群体中的一分子，是平等的，遇到矛盾或困难，只要齐心协力就一定能解决它、战胜它。

2. 为幼儿创造合作的机会

培养幼儿的合作品质，首先要为此找到生根发芽的土壤，为其创造发展的物质条件。教师要创造机会让幼儿在活动中产生矛盾，解决矛盾，最终达到合作的目的。

（1）通过游戏激发合作行为的产生。有些教师已尽力让幼儿自主准备、选择游戏材料，但指导的过程仍有包办代替的现象，忽略了游戏材料的准备所带来的教育价值。如果材料都由教师包办，那么幼儿只能简单接受，幼儿在游戏中的交往必然会受到无形的阻碍。因此，教师应和幼儿一同讨论、收集游戏需要的材料，并通过选举制订活动方案。例如，玩“搭建绿化带”游戏时引导幼儿不断进行商量、尝试，可引导幼儿讨论：“可以用什么样的材料搭建喷水池、雕塑？”“酸奶瓶、筷子、拉罐瓶、纸盘、竹节、纸板，以及彩石等这些材料可以怎样进行组合修建栅栏、搭建亭子、小路，甚至更多的东西？”通过不断地商讨、尝试，设计出不同的方案，再通过投票选举确定搭建方案。这样并没有把建构游戏局限于建构本身，而是通过多种途径充分挖掘了教育资源，大大增加了幼儿和同伴合作的机会。

（2）提供不同难度的合作活动。首先，教师要有目的、有计划地组织幼儿进行一些合作活动，如共同搭积木完成一个造型。这样，幼儿在活动时就不能只顾一个人玩，而需要二人或几人合作共同配合来完成一项任务，每个人的想法和意见都能融进活动中，这样的过程就为幼儿的合作提供了锻炼的机会。其次，教师在观察的基础上，根据不同幼儿的合作交往能力提供不同难度的合作机会。提供的内容必须是幼儿感兴趣的，同时也要带有一定的难度。例如，让幼儿制作道具，如果教师提供了相应的制作图纸、材料和工具，并教给了制作方法，幼儿完成起来就很轻松，活动就没有了难度，也不存在需要幼儿共同合作完成的事。如果教师只将任务下达，并没有提供材料，幼儿遇到了困难，便能协商解决，体验分工合作所带来的快乐。

另外，对于幼儿来说，人数越多，合作的难度也越大。不同能力、个性的幼儿进行组合也有其自身的利弊。“强强”组合易在合作过程中发生争端，由于互不相让而导致合作的失败。针对这样的组合，教师可以先让幼儿体验合作失败带来的不快与失落感，在此基础上，引导他们学会欣赏别人、学会协商、学会理解和接纳他人的观点和建议，在必要时作出让步，真正做到强强联合。“强弱”组合的幼儿虽不会发生以上的情况，但往往是强者担当指挥者的角色，弱者只是随从者，长此以往，强的更强，弱者则进步不大。此时的分工便显得尤为重要，教师应让能力弱的幼儿多思考，能力强的多帮助，做到强弱互补，共同提高。“弱弱”组合的幼儿比较缺乏自信心，很少体验到合作成功的快乐，教师就应及时介入，给予鼓励与帮助，让他们逐步树立自信心。

（3）打破界限，创造不同年龄段的幼儿间的合作。教师还应打破界限，创造不同年龄段的幼儿间进行合作的机会，如大带小活动，可以拓展幼儿合作对象的范围，增强幼儿对不同合作环境的适应能力。幼儿通过与人商量、讨论，合作能力会大大加强，体验到与人合作中遇到种种问题并解决问题的乐趣。这样，幼儿的合作品质就会在反复的锻炼中得到有效培养。

3. 通过强化幼儿合作的情感体验，深化合作精神

幼儿之间的合作常常会带来积极愉快的结果。活动成功，事情完成，可以增进友谊。这时幼儿的合作意识会得到巩固、强化，进而产生更多的合作行为。当教师看到幼儿能与同伴友好地合作玩耍时，应注意引导幼儿感受合作的成果，体验合作的愉快。

在活动中，教师要注意观察幼儿的行为表现，有点滴进步应及时鼓励，强化反馈机制。例如，将幼儿在活动中表现出的友好行为编成，让大家来讲故事，在表演区进行表演。当小朋友表现出合作行为时，老师应拿出事先准备好的照相机摄下“友好的一幕”，并进行展览。通过这些措施强化幼儿的合作行为，使他们心理上产生愉快体验，能够有效培养幼儿的合作品质，矫正不良行为。

4. 加强有效指导

合作是双向的，需要双方的共同努力和协调一致才能完成。这就需要教师进行有效的指导。以下策略可供教师们参考：

（1）点拨磨合。幼儿能否成功合作的一个重要因素是教师以怎样的身份支持、引导他们的活动。当幼儿与同伴间为了一种材料而产生争执的时候，教师就应以协调者的身份出现，鼓励他们用分享、协商、交换等方法去解决问题。

教师也可以采取加入活动的方式来共同商讨解决办法。在教师积极的鼓励和适宜的引导下，幼儿间的合作便会出现。

教师还可以用文学作品中的人物来提醒幼儿该怎样解决合作中的问题。这样，幼儿在协商的过程中就容易学会谦让、谅解等交往及合作的技能，懂得与人合作要友善谦让、团结互助，就会改正任性、以自我为中心等不利于交往合作的行为，获得与人合作时如何解决问题的经验和能力，为以后进一步合作奠定良好的基础。

（2）因材施教。以自我为中心的幼儿，在活动中易争强好胜，往往觉得自己什么能行，拒绝与同伴合作。对于这一部分幼儿，正面教育有时很难奏效，而自我教育及体验失败的方法却能收到明显的效果。教师应让这类幼儿在体验失败的过程中感受合作的重要性，逐渐帮助他们摆脱以自我为中心的思维模式，懂得合作的重要意义。

那些一味听从别人的幼儿，从表面上看是最会合作的，其实他们没有主张，活动中总是处于被动地位，不利于各方面能力的提高。对这一部分幼儿，教师要尽可能提供机会，让他们尝试着表达自己的主张，这样的次数多了，他们逐渐可以感到“我能行”“我可以”，从而树立自信心。他们合作的主动性也会逐渐由主次型向双主型转化，最后达到和谐型。

合作品质的培养，对幼儿健全人格的形成十分有益。幼儿是未来的主人，他们应该学会共同学习，共同生活，这就需要他们从小就知道相互理解、相互帮助、友好交流与和平共处的重要性，学会在合作中竞争，在竞争中合作。因此，教师应帮助他们学会在合作中增进友谊，增进了解，将培养他们的合作品质作为一个重要课题来抓。

创设情境，培养幼儿的谦让品质

（一）培养幼儿谦让品质的重要性

谦让是指谦虚地礼让或退让。幼儿谦让行为是指当同伴之间由于某种共同喜欢或需要的物品、角色、空间等资源而产生冲突时，一方主动让给另一方的行为。谦让作为一种亲社会行为，是幼儿社会性发展研究领域中的一个重要课题。

然而，现在一些幼儿因从小受到亲人无微不至的爱护，有的甚至被娇惯、溺爱，身上常会出现斤斤计较、受不得一点委屈、得理不饶人等毛病，经常和同伴闹矛盾，容易发脾气。有这种种行为的幼儿正是缺少谦让品质。对幼儿来说，学会谦让是将来适应社会竞争的必备条件。

（1）谦让可以帮助幼儿获得好的人缘。无论在成人世界还是幼儿世界，善于谦让的人一定会受到同伴的欢迎和接纳，因而获得更多的交往机会，也更具竞争力。

（2）谦让可使幼儿获得别人给予的谦让和支持。俗话说，你敬我一尺，我敬你一丈；退一步海阔天空。谦让可能会使幼儿失去一些物质上的东西，却能享受到精神上的真正快乐。一个懂得谦让的人，一定会得到别人的帮助。

（3）有谦让精神的幼儿能和他人友好相处，体会到更多同伴交往的快乐，有利于其社会性的发展。

（4）谦让有利于提高幼儿的竞争能力。谦让不仅有利于幼儿获得同伴的尊敬，能融洽和同伴的关系，而且也给了幼儿自己思考的时间和空间。例如，在游戏过程中，甲乙两个幼儿为玩积木达成协议，甲谦让，乙先玩，如果甲利用等待的时间向乙学习，哪怕是观察、模仿，等到甲操作时，甲就可能拥有两种或多种玩法。

幼儿没有谦让精神，原因是幼儿以自我为中心，即自私。教师应该有意识地引导幼儿，使谦让成为幼儿自觉的行为，而不仅仅停留在口头上，借助谦让使幼儿获得健康的心态，使谦让成为幼儿将来竞争成功的火花石，让他们体验谦让的乐趣，享受成功的喜悦。

(二) 经典教育活动案例

活动一

活动目标：

(1) 理解故事的内容，能看图讲述故事。

(2) 学习理解动词：跳、蹚、爬。

(3) 培养幼儿相互关爱、相互谦让的良好品德。

活动准备：

背景图一幅、小动物图片若干。

活动过程：

近段时间，某教师发现班里经常有幼儿来告状，如“老师，某某打我”，“老师，某某抢我的玩具”，“老师，我再也不跟某某玩了”等。

为了培养幼儿的谦让品质，教师向幼儿讲述了《小熊让路》的故事，这是一个以相互谦让为主题的故事，通过活动使幼儿意识到友爱和谦让是一种值得歌颂的行为，从而使他们产生强烈的模仿愿望，明白相互谦让的道理。

教师出示小熊图片，引起幼儿的兴趣。

师：小朋友们，今天来了一位小客人，你们觉得它是只什么样的熊？

幼：可爱的熊。

幼：不是，是大笨熊。

师：这到底是只什么样的熊呢？小朋友说了不算，我们一起来听故事

《小熊让路》吧！

师（讲述故事）：小熊长得胖胖的，力气很大很大。

小熊在路上走，前面来了只小兔。小熊站在路中间，大声说："小东西，快给我让路！"

小兔怕小熊，只好从路旁的草丛中爬了过去。

不一会儿，小羊从前面走来。

小熊又往路中间一站："小家伙，快给我让路！"

小羊害怕了，它一声不响地从路边的水沟中蹚了过去。

小猴呢，它更害怕小熊，很远就爬到了路旁的小树上。

小熊很得意："哼，我的力气大，谁都怕我！"

小兔、小羊和小猴，一起去找大狮子，请大狮子来治小熊。

大狮子笑了笑，点了点头。

大狮子走在前面，小兔、小羊和小猴跟在后面。

小熊看见大狮子走过来．心想：这可不得了，我得赶快让路，它站在小路旁，请大狮子先走。

大狮子走到小熊跟前，站在路边说："小熊，你先过去吧！"

小兔、小羊和小猴听了，都愣住啦：大狮子也怕小熊啊！

小熊低着头，不好意思地从大狮子身边走了过去……

从那以后，小熊看见小兔、小羊、小猴来了，马上站在路旁，让它们先过。

这下，小兔、小羊、小猴明白了，大家都说："大狮子真有办法，小熊变得有礼貌啦！"

教师复述故事，帮助幼儿理解内容。教师复述故事的前半部分（讲到狮子点了点头）。

师：小朋友，这是什么故事？故事里都有哪些小动物，他们是什么性格？

幼：小动物在一起玩的故事。

幼：故事里有小熊、小兔、小羊、小猴、大狮子。

幼：故事里讲了小熊不给小兔、小羊、小猴让路，后来大狮子想办法让小熊让路了。

幼：小熊很霸道。

幼：小兔、小羊、小猴都胆小，它们害怕小熊，给小熊让路。

师：说得很好！那么小熊到底是只什么样的熊呢？故事里还发生了一件什么事情？请听老师继续讲故事。

教师讲述故事的后半部分。

师：大狮子想的是什么办法？小熊为什么这次没有让大狮子让路？

幼：大狮子给小熊让路了。

幼：小熊怕大狮子。

幼：小熊打不过大狮子。

师：很好，那为什么小熊会脸红呢？

幼：因为，因为，大狮子主动让路给小熊。

幼：小熊不好意思啦！

师：那么小熊后来变得怎么样了？

幼：小熊知道自己错了。

幼：小熊不应该欺负小兔、小羊、小猴。

幼：小熊会让路了。

师：小朋友说得对，如果你们是这只小熊，碰到这些小动物会怎么做？

幼：我们应该学会让路。

幼：我们不应该欺负弱小的小动物。

师：你们喜欢故事中的小熊吗？为什么？

幼：不喜欢，小熊太霸道。

幼：喜欢，小熊知错就改。

师：请小朋友给这个故事取一个好听的名字。

幼：《小熊知错了》。

幼：《小熊让路》。

师：学了这个故事后，小朋友应怎样对待自己的朋友呢？

幼：我们不能欺负人。

幼：我们应该相互关爱。

幼：我们不能打架。

幼：以后玩游戏，应该先让小的玩。

师：是呀，我们要做个相互关爱、相互谦让的好孩子。

接着，教师又引导幼儿看图讲述故事。

师：小朋友们还想听故事吗？

幼：想。

师：老师给大家讲《小山羊过桥》的故事。从前，有两只小山羊同时从两边过独木桥，在桥中间相遇，谁也不让谁，结果都掉到山涧里摔死了。

小朋友们，你们想一想，这两只小山羊为什么会掉到山涧里去，怎么做才可以都平安地经过独木桥？

幼：两只小山羊谁也不让谁，所以掉到山涧里去了。

幼：小山羊要是学会谦让，就能平安过桥啦！

师：小朋友，你们想象一下如果在大街上，或在幼儿园里谁都不让谁，会成什么样子。

幼：汽车会撞汽车。

幼：汽车会轧死人。

幼：会打架。

师：希望小朋友们不要向两只小山羊学习，今后一起玩的时候，要学会让一让，能做到吗？

幼：能！

幼：老师，我一定能做到。

幼：老师，以后我不再为抢玩具打架了。

幼：我以后一定让着小朋友。

活动二

活动目标：

(1) 让幼儿体验到谦让的快乐。

(2) 让幼儿在角色游戏中学会谦让。

(3) 培养幼儿的谦让品质。

活动准备：

一辆玩具车、若干大小不一的饼干、小椅子和几本图书。

活动过程：

一天，午餐后幼儿吃苹果，教师观察发现，先吃完饭的幼儿走到苹果盘前仔细地端详一番后，伸手拿走了其中的大苹果，只有几位不爱吃苹果的幼儿拿了小的，等到最后几位幼儿吃完饭时盘中只剩下了几个小苹果。教师心想，应该让幼儿学会相互谦让。

教师向全班提出了一个问题："如果现在有两个苹果，一个大，一个小，你们会拿哪个?"

令人惊讶的是90%的幼儿都说："我把大的给别人，把小的留给自己。"

幼儿在口头上大多都会表示谦让，但行动时却截然相反，这充分说明了幼儿品德发展中出现了言行不一的现象。幼儿虽已有了谦让的意识，但只停留在口头上，没有落实在行动中，要将其转化为自觉的行动，还需要进行反复练习。经过探索与研究，教师采用以下几种方法，培养幼儿的谦让品质：

（1）增加对谦让的认识，丰富幼儿的情感体验

幼儿的情感是与认识相结合的，情感的产生受到知识经验的影响。为了丰富幼儿的知识，教师向他们讲述了《孔融让梨》的故事。让幼儿分析大家为什么表扬孔融，使幼儿懂得谦让是一种优良的品质，鼓励他们用自己的实际行动向孔融学习。

接着，教师又带幼儿学习表演"让座"。先让幼儿体验老婆婆站不稳，需要别人的关心与照顾，再让幼儿体验为老婆婆让座，汽车上的乘客都为他鼓掌，使幼儿懂得谦让所带来的光荣与愉快。通过情感体验，幼儿产生自觉、稳定的行为，感受谦让的快乐。

（2）开展角色游戏，使幼儿学会谦让

在角色游戏中，幼儿根据自己的经验和意愿进行游戏，以角色的身份要求自己完成游戏。角色游戏可以培养幼儿谦让的品质。

教师组织幼儿开展了"娃娃家""大家一起玩"的游戏。在游戏中，教师提供了一辆玩具车和若干大小不一的饼干。教师向幼儿提问：当有"客人"来"娃娃家"做客时，"妈妈""爸爸"和"宝宝"应当怎样分配这些玩具和饼干？在游戏的过程中，启发幼儿学习谦让，把心爱的玩具车送给客人玩，把美味的小饼干分给客人吃，让幼儿在学习语言表达的同时，养成谦让的习惯。

在玩"书报亭"的游戏时，教师准备了几本图书，如果有的幼儿拿到

了书，有的幼儿没有拿到，就可以问拿到书的幼儿："别的小朋友没有书看怎么办呢?"幼儿通过思考，一般会自觉产生谦让行为，有的幼儿会说："把这本书给他看吧！我可以和××一起看。"并将书递给没书的幼儿（并坐到××的身边准备一起看书)，对这些有谦让言行的幼儿，教师要及时表扬，以激发其他幼儿产生谦让行为。

（3）在日常生活中进行随机教育

幼儿在日常生活中处于一种自然的状态，所体现出的语言和行为是相当真实的。在日常生活中针对幼儿的表现进行随机教育能收到良好的效果。

有一次，班上有一把小椅子坏了，一位幼儿没有了座位，教师就着急地问："你没有小椅子怎么上课呢?"

其他幼儿听了老师的话，有的说："和我一起坐吧!"有的说："把我的小椅子给他吧!"边说边递上了自己的椅子。

对这些言行一致的幼儿，教师应给予及时的表扬和鼓励，在幼儿中树立榜样，让其他幼儿都向他们学习。

有一次午睡时，一位幼儿找不到小枕头。教师就暗示其他幼儿用自己的行动去帮助他，得到帮助的幼儿表达了自己的感谢，这就让给予帮助的幼儿体会到了帮助别人与谦让的快乐。

平时，教师应注意抓住每个教育时机，适时进行教育诱导。通过随机教育，让幼儿在反复的行为练习中巩固谦让的行为，并转化为自觉的行为。

教师一系列的谦让教育在幼儿身上的作用很明显。一次，班上一名幼儿过生日，教师给每位小朋友都分了蛋糕。大家正准备吃，突然"哎呀"一声，一位幼儿的蛋糕掉到了地上，教师走过去安慰他并把自己的那块给了他。等教师回过头时，只见一个个盛着蛋糕的小碗摆在了教师的面前，幼儿们都争着说："老师，你吃我的蛋糕吧!"

教师被深深地感动了，幼儿们已经真正学会谦让，并用自己的行动表达出来了。

（三）反思拓展

在中国的传统教育中，谦让一直是备受人们推崇的美德。孔融曾以谦让的品行而被千古传颂，所以，教育幼儿从小“谦让有礼”是品德教育的重要内容。

幼儿年龄小，对事物的认识基本上处于一种直观感知阶段，做事情容易以自我为中心，使得争抢玩具，独占玩具，动手推人、打人的现象时有发生。还有的幼儿一味地认为谦让就是别人让我，这说明幼儿对谦让的理解并不完整，那么，教师怎样培养幼儿谦让的品质，让幼儿学会谦让呢？

1. 多方引导，让幼儿感受谦让

除教材外，教师可以精心选择符合幼儿心理特点的有感染力的内容，比如选择一些生动的童话故事，配以形象的图片、木偶或课件，让幼儿感受同伴间友好合作、谦让带来的愉快；把生活中一些谦让行为排成情景表演剧、小品、歌舞，到各班演出，使更多的幼儿受到教育。

2. 创设情境，模拟练习谦让

根据幼儿好动、好模仿的特点，让幼儿参与表演，如让他们戴着头饰表演故事中同伴间友好交往、互相谦让的良好行为，通过语言和动作等来巩固印象，为谦让这一心理品质内化为幼儿自身的行为奠定基础。

3. 在幼儿发生争辩时给予积极疏导

幼儿发生争辩时，教师不必惊慌，而应把其看成幼儿间互相交流的好机会，给予他们运用自己的能力去解决问题的机会。争论的过程会让幼儿体会到一个问题有多种解决方法是一件多么美妙的事情，从而使他们获得谦让的乐趣。

4. 布置专栏，激励幼儿谦让同伴

由于幼儿道德认识水平较为肤浅，且在付诸实践时意志力差，因此，认识和行为常常脱节，有时会因环境或条件的变化，使已培养起来的行为出现反复。

教师可以有目的地布置专栏“我是谦让小明星”，将生活中的每一个环节都视为教育的环节，如进餐、排队洗手、接水、外出活动等，引导幼儿把对谦让行为的认识付诸实施，并随时提醒指导，发现谦让行为及时在专栏上贴上小星星，由教师评价到同伴互评，进而引导幼儿自评。一天或一周内谁的小星星多，谁就是班里的“谦让小明星”，将得到一定的物质奖励或是优先选择做事的权利，教师及时的评价会使幼儿产生动力，幼儿在这种动力支配下，会主动积极地谦让，并在谦让过程中得到教师和同伴的积极反馈，由此体验到成功感。成功感使幼儿不断进步，这样由外部强化过渡到幼儿内部自发地调整，从而使谦让成为幼儿自觉的行动，产生良性循环。

另外，在生活中，遇到小朋友能主动谦让同伴的现象，教师要及时抓住典型，进行随机教育，引导幼儿从具体的好人好事中观察理解什么样的行为、情感是美好的，怎样做才叫相互谦让。在日常生活中，要帮助幼儿从一点一滴做起。如幼儿在玩玩具轮胎时，经常会出现争抢现象，教师可以教育他们要学会与同伴协商，你玩一会儿，我玩一会儿，让他们知道玩具要大家一起玩，不争抢玩具，不独占玩具。

5. 家园配合，巩固幼儿的谦让行为

环境对幼儿良好品德的养成起着十分重要的作用。家长是幼儿的第一任教师，家庭教育对幼儿的成长尤为重要。要想巩固幼儿相互谦让的品德，教师就要经常与家长联系，通过家长会、家长开放日等活动，向家长宣传品德教育的重要性，要向家长提出要求：教育孩子时要培养孩子心中有他人的品格，让孩子逐渐学会关心别人，遇事谦让别人，对孩子的此类表现应及时给予肯定。家长要以身作则，为幼儿树立榜样。

教师可以通过以下几种方法与家长共同培养幼儿的谦让品质：

（1）发放调查表，了解家长对谦让教育所持的态度。

（2）通过家长开放日向家长展示幼儿园的引导策略，向家长讲明培养计划；假期时给家长发放培养计划表，告知家长怎么做，使课题具有连续性。

（3）建立“夸宝宝信箱”，争取家长的支持，让家长把孩子在家中的谦让行为写成故事，投到信箱里，由教师在固定的时间读给幼儿听。力求全方位、多角度地展开谦让教育。

幼儿的各种良好社会行为的形成需要一个长期的过程，谦让只是其社会行为的一种表现。在日常教育活动中，教师应该留心观察，及时指导，使幼儿从小树立宝贵的谦让意识。在培养幼儿的谦让品质时，不应流于形式，应做到具体情况具体分析，让幼儿真正了解“谦让”的内涵。

在游戏中培养幼儿的意志品质

(一) 培养幼儿意志品质的重要性

坚强的意志是成功的关键因素之一。在心理学上，意志品质与主动性、自制力、心理承受力等有一定的关系。

意志力被认为是一个人心理素质优劣、心理健康与否的衡量标准之一，也是幼儿未来成功的关键因素之一。培养幼儿的意志力不仅会对他的学习有所帮助，而且对他今后的人生也有很大的影响。但是，幼儿毕竟是孩子，许多孩子意志力都不够坚强。其重要特征主要表现在以下三个方面，即过度的暴力、依赖及注意力低下。

暴力是缺乏意志力的幼儿的最大特征。让他们做不愿做的事，当他们得不到想要的东西时，他们就会失控地尖叫、骂人或打小朋友等。刚开始他们可能还会自责，不过一旦形成习惯，自责感就会消失，连教师的劝导都听不进去，反而会使性子、发火。

依赖是指幼儿在碰到稍陌生或困难的问题时，便丧失了独自解决问题的意志，转而向别人求助，这种依赖性会使幼儿渐渐变得意志薄弱。

注意力低下是指他们做事没有持久性，因而会显得注意力低下、散漫。

这其实并不奇怪，因为幼儿的意志力并不是与生俱来的，而是需要后天的培养的。当他们不停地用哭闹强迫教师满足他们的要求时，教师要沉得住气，一定要注意对他们进行耐性训练。只有教师有耐性才会培养出幼儿的耐性。

乌申斯基曾说："注意就是一扇门，一切由外部世界进入人的灵魂的东西都要通过这扇门。"幼儿的意志力养成与注意是相关的，当学会注意时，他们的意志力便得到了有效培养，会对事物有所观察，产生想象，并在此基础上强化记忆，根据观察和记忆的素材进行认识、分析和解决问题的一系列活动，这就可以较好地促进幼儿思维的发展。

大量的学习心理学研究发现，幼儿的意志力障碍是造成学习障碍的主要心理原因之一，它将导致幼儿智力正常但学习成绩落后的现象。所以，重视从小培养幼儿的坚强意志品质对他们的未来具有积极的意义。

（二）经典教育活动案例

活动目标：

（1）让幼儿懂得做事要有意志力。

（2）教育幼儿学会耐住性子，不能随性而为。

活动准备：

飞行棋、画笔、纸等。

活动过程：

何兰英是上海市塘湾幼儿园的教师，在培养幼儿的意志品质上她是这样做的：

通过对小朋友们各方面的了解，何老师发现宁宁活泼、好动，但缺乏意志力，日常生活中不能很好地遵守班级规则，常做一些影响别人的活动，为争玩具和小朋友吵架是常有的事。宁宁在午睡时也不能安静入睡，经常影响旁边的小朋友睡觉。宁宁的自我调控能力比较薄弱，不但表现在和同伴不能友好相处上，而且在学习活动中也如此，在活动中注意力容易分散，遵守规则意识薄弱，做任何事都没有长久性和耐性。

一次，何老师在活动区投放了孩子们自己带来的玩具——飞行棋。孩子们陆陆续续来到活动室，一会儿小飞机就在棋盘上飞起来了。宁宁来得较晚，但他也想玩飞行棋，可是已经有四位小朋友在玩了，他只能做观众。过了一会儿，他有点等不及了，就伸出手去抢骰子，东东等小朋友玩得正在兴头上，于是和他发生了争执。在争抢中，棋盘翻了，把原本好好的游戏给搅了。东东气愤地说："你干什么呀？我们不跟你玩。"之后，东东向何老师告状："老师，宁宁在捣乱。"

等活动结束后，何老师让他们来讨论："你想和小朋友一起游戏时该怎么办?"大家说了很多，好多小朋友都在指责宁宁的行为。

"宁宁也想玩，可以参加游戏吗?"何老师问。

"可以呀。但要和别人商量，要遵守游戏规则。"其他小朋友说。

何老师对宁宁说："你想和小朋友一起玩飞行棋，就得跟他们做好朋友。大家都不喜欢捣乱的孩子，对吗？还有，你应该有意志力，不能太急躁，要遵守秩序。"

宁宁似懂非懂地点点头。

又有一次，宁宁来到美工区刚画了一笔，就急不可耐地拿给何老师看，为了鼓励他继续画下去，何老师用欣赏的语气对他说："画得真不错，好好画，涂上颜色一定好看。"

过了一会儿，旁边的几个小朋友拿着折好的小手工来向何老师展示，宁宁看见了，很激动地说："我也会，一会儿我给你折一个!"说着把自己未完成的画丢到了一边，忘记了去收笔，忘记了自己正在做的事情。一会儿，他看到别的小朋友下棋发生争执，就又跑过去了，这样，到活动结束时，他的画还没有完成。

活动结束后，何老师编了一个宁宁的故事，讲给大家听。讲完后，何老师问全班的小朋友："你们喜欢故事中的小弟弟吗?"

在全班小朋友的否定回答中，宁宁的脸红了。

何老师接着又问："你又会怎么做呢?"

在全班小朋友的回答中，宁宁好像明白了以后应该怎么做。

为了更好地培养宁宁的意志力，何老师还去宁宁家家访，向宁宁父母推荐阅读一些家庭教育的文章，如《培养宝宝耐性的招数》等。

通过何老师与宁宁家长的共同努力，宁宁有了很大的进步。他能和同伴一起耐心商讨游戏的规则并实施游戏行为；当活动中遇到了困难时，他也能耐下性子，通过自己的努力去解决了。

（三）反思拓展

意志力的培养对于幼儿来说是一件非常重要的事情。要培养幼儿的意志力，教师就更要有耐性，平时应多注意观察幼儿，一旦发现他们出现三心二意的情况，就应及时提醒，鼓励他们有始有终，让他们知道做事情不能虎头蛇尾。上述教育活动中何老师在处理类似问题时，按照观察、引导、沟通、矫正的步骤进行，从而有效解决了宁宁缺乏意志力的问题。

一个好品质的培养，需要教师付出更多的努力，意志力的养成也不例外。那么，在日常教育过程中，教师又该如何做好幼儿意志力的培养工作呢？

1. 学会准确判断幼儿的耐性指数

如何从日常的一些小细节中判断幼儿是否缺乏意志力？这涉及耐性指数。如果幼儿有以下几种情况，教师就应高度重视：做事不能有始有终；任性；经常容易哭；情绪易激动，很难预测他们会干什么；吃饭时爱动；不能坚持玩一个玩具，而是拿拿这个，碰碰那个；咬手指甲；经常感到不安；情绪不稳定，变化无常；所做的事与年龄不相称；经常争吵；坐立不安，多动；不能与朋友和谐相处；不能如自己的愿时就打滚耍赖；经常哭哭啼啼地闹等。

2. 了解幼儿缺乏意志力的原因

幼儿有没有意志力是相对而言的。一般说来，年龄越小的孩子，其注意的稳定性和持久性就越差。造成幼儿缺乏意志力的原因多种多样，归纳起来，大致有以下几类：

（1）家庭环境方面的原因。有的家长管教孩子没有经验，在孩子面前又急躁又啰唆，孩子干任何事情，他们都爱问长问短，看似关怀备至，实则干扰了孩子的注意力和兴趣，这很容易造成孩子心烦意乱，不知所措。

（2）生理方面的原因。有些幼儿身体孱弱，对周围的事物缺乏必要的精力和热情，由于体弱多病，他们往往爱故意撒娇，容易疲劳，很难专注于某事某物。有些幼儿因调换环境过于频繁，适应性很差。幼儿对环境的变化是相当敏感的，环境的改变，意味着幼儿要重新进入一个陌生的环境中，这种变化可能导致他们产生一种不安全、不信任感，从而演化为缺乏意志力。

（3）心理发展方面的原因。不少家长对孩子的心理需要缺乏必要的认识，对孩子有求必应。比如只要孩子喜欢的玩具就全部买下来。他们认为，玩具可以开发儿童智力，自然多多益善，但他们却忽略了，孩子在琳琅满目的玩具面前会晕头转向，无所适从，使得幼儿没有耐性，也就不容易养成意志力了。

3. 充分利用幼儿的好奇心

强烈、新奇、富于运动变化的物体最能吸引幼儿的注意，使他们能够耐住性子去观察。因此，教师可以给幼儿准备一些具有这些特点的玩具，用来训练他们的耐性，还可以把幼儿带到新的环境中去玩，例如，带他们逛公园，让他们看一些以前未曾见过的花草、造型各异的建筑及其他引人入胜的景观，利用他们对新事物的好奇心培养他们的耐性和意志力。

4. 做幼儿的榜样

大人首先要学会忍耐、等待，才能让孩子学会忍耐。许多孩子缺乏意志力，是因为大人自己做事虎头蛇尾。所以，要想让幼儿有意志力，大人首先要有意志力地去做每一件事情，以此教育孩子在开始一种新的活动之后，必须把进行的活动完成。

教师在要求幼儿做一件事情之前，要先跟他们讲好这件事必须做完，如果没有完成不仅需要补上没做完的，而且还得再增加时间来处理相关的事情。这样，幼儿就能有计划地去做事，也能在一定的时间内有意志力地把事情做完。

教师还应告知家长，让他们为幼儿作出榜样。例如，晚上家长可以跟孩子一起学习，当孩子不断地起身、坐下时，做父母的要坚持看书，孩子见父母能够耐下性子看书，肯定能受到一定的感染。再如，家长告诉孩子画好这张画后才能吃饭。然后，在孩子吃饭之前，别忘了认真检查画到底画完了没有，如果没完成任务，就要让他画完了再吃饭。

5. 让幼儿学会等待

幼儿毕竟小，没有多大的耐性，只要想到一件事情，总是希望立刻去做，否则便会不停地纠缠。遇到幼儿没有耐性的时候，教师一定要坚持，不能因为他们的哭闹而作出让步。如果每次只要幼儿一要求，教师就作出让步，幼儿得到的经验就是“我想怎样就可以怎样”，那么，他们就会越来越没有耐性。当然，教师也不能用生硬的态度来命令幼儿，这样幼儿会产生逆反心理。因此，聪明的教师应该让孩子明白，等待是有原因的。

6. 通过日常生活的小事来培养

在日常生活中，任何小事情都可以用来培养幼儿的意志力，例如，擦桌子、收拾活动室等。刚开始，幼儿会漫不经心地边做边玩，这时教师可以站在一边督促他们，让他们用心去做，直到他们把饭桌擦干净、把活动室收拾整洁为止。

在经历小事的锻炼后，教师应有意识地给幼儿设置点障碍，为他们提供一些克服困难的机会。因为意志力是磨炼出来的，越是在困难的环境中，越能锻炼孩子的意志力。这时，教师要鼓励他们做事不半途而废。当他们经过努力完成一件事时，教师应当及时给予表扬，强化他们做事有意志力的品质。

7. 加强三分钟耐性训练

如果幼儿对学习没有耐性，总是沉迷于玩耍当中，教师可以试试这种方法。安吉娜·米德尔顿在《美国家庭的卡尔·威特教育》一书中介绍了一种“三分钟”耐性训练法，这种方法被证明是训练孩子耐性的好方法。通过孩子感兴趣的东西，使孩子的注意力在一定时间内专注于某一对象，久而久之，也就提高了耐性。

三分钟的时间，正好适合幼儿注意力的特点，三分钟后立即打住，这样不仅使他们觉得教师守信，而且还利用了他们的好奇心，激发了他们主动学习的动力。培养孩子的意志力，教师要有耐心和恒心，不要试了一两次后觉得没效果就放弃了。

8. 把培养孩子的兴趣与意志力结合起来

兴趣是最好的老师，人们在做自己感兴趣的事情时，总会很投入、很专心，幼儿也是如此。对幼儿来说，他们的意志力在一定程度上直接受其兴趣和情绪的控制。因此，教师应注意把培养幼儿广泛的兴趣与意志力结合起来。

在培养幼儿兴趣上，教师可以采取诱导的方式去激发。例如，培养幼儿识字的兴趣，教师可以利用他们喜欢故事的特点，给他们提供一些有文字提示的图画故事书，让他们一边听故事一边看书，并且告诉他们这些好听的故事都是用书中的文字编写的，以此激发他们识字的兴趣，然后引导他们认一些简单的象形字，从而使他们的耐性在有趣的识字活动中得到培养。

兴趣是培养意志力的主要条件。幼儿对事物的兴趣越浓，其稳定、集中的耐性越容易形成。所以，教师应注意培养他们广泛的兴趣，并以此为媒介来培养他们的意志力。

9. 在游戏中训练幼儿的耐性

苏联心理学家曾做过这样一个实验：让幼儿在游戏和单纯完成任务两种不同的活动方式下，将各种颜色的纸分装在与之同色的盒子里，观察孩子注意力集中的时间。实验结果发现，在游戏中四岁幼儿可以持续进行 22 分钟，六岁幼儿可坚持 71 分钟，而且分放纸条的数量比单纯完成任务的多 50%。在单纯完成任务的形式下，四岁幼儿只能坚持 17 分钟，六岁幼儿只能坚持 62 分钟。

实验结果表明，幼儿在游戏活动中，其注意力集中程度和稳定性以及意志力都比较强。因此，教师可以多开展游戏活动，让幼儿的意志力在游戏中得到较好的培养。

此类可供游戏的活动很多，如传统游戏“找回不见的玩具”便是一种简单易行的培养意志力的游戏方法。其具体做法是：教师与幼儿一同取出几件玩具摆放在桌上，并教幼儿清点玩具的数量，让幼儿说出玩具的名称，记住玩具的种类。然后，教师趁幼儿不注意的时候，拿走其中的某样或几样玩具，问他们："什么东西不见了?"

游戏是幼儿喜爱的活动，它能引发兴趣，让他们心情愉快。教师应有选择性地与幼儿一同开展游戏活动，并在活动中有意识地培养他们的意志力。

10. 培养幼儿意志力的其他方法

好动是幼儿的天性。在不扼杀幼儿天性的基础上培养幼儿的意志力，是一件很不容易的事情。在日常生活中，教师还可以从以下角度来培养幼儿的意志力。

(1) 排除无关刺激的干扰。幼儿以无意注意为主，一切新奇多变的事物都会吸引他们，干扰他们正在进行的活动，有碍意志力的培养。教师应尽量避免相关的干扰，如在幼儿听故事时，教师要尽量少走动、别打断，以免分散幼儿的注意力。

(2) 避免幼儿过度疲劳。幼儿神经系统的耐受力较差，长时间处于紧张状态或从事单调活动，便会出现疲劳，降低觉醒水平，逐渐失去耐性。有时，少数教师因为幼儿缺乏耐性，注意力不集中而强迫他们一再坚持，这不仅使幼儿易疲劳，还会使他们产生逆反情绪，不利于意志力的培养。

(3) 切勿包办代替。对于缺乏意志力的幼儿，有些家长往往爱一切包办，这样一来，孩子如果不喜欢做某些事情时，父母便全权代劳，使孩子失去求知欲，更失去了锻炼意志力的大好机会。因此，教师应及时和家长沟通，让他们不再包办代替。

(4) 让幼儿独立解决问题。看到幼儿做题慢或做不出来而将答案告诉他们的办法是错误的，教师应让幼儿独立解决问题。

(5) 让幼儿多玩团体游戏。与单独玩相比，多玩一些团体游戏可以使幼儿养成遵守规则的习惯，在游戏等待的过程中可以有效锻炼他们的意志力和团结协作精神。

(6) 从容易的问题入手。对于没有意志力的幼儿而言，一开始就接触较难的问题，会丧失学习兴趣。如果教师从简单问题入手，等幼儿能很好地理解时再稍加难度，幼儿在一点点独立完成任务的过程中便可以逐渐提高意志力。

缺乏意志力是幼儿身上普遍存在的一种问题，但如果长期存在就会对他们将来的发展产生不利的影响。因此，教师要重视培养幼儿的意志品质，让他们能够耐住性子，用专注赢得成功。

激发交往动机，培养幼儿的良好交往品质

（一）培养幼儿的良好交往品质的重要性

交往是人的需要，也是社会对人的要求，通过交往，人们能够互相交流信息和感情，协调彼此之间的关系，达到共同活动的目的。

陈鹤琴说："人之所以异于其他的动物，就因为人是一种社会的动物。"在社会生活中，人们需要交往，需要与社会融合，而未来社会更需要我们的下一代具有社会交往和活动的能力。新颁布的《幼儿园教育指导纲要（试行）》中也把"学习初步的人际交往技能"列为教育的内容和要求。

社会交往能力是一种综合能力，也是一种品质。幼儿是在与他人交往的过程中认识自己并认识他人的，通过与他人的交往学会表现自己、理解他人、相互沟通、建立友谊。在与他人交往的过程中掌握规则、学会合作、学会解决矛盾和冲突，逐渐成为社会的一员。

现在的幼儿往往缺乏与他人交往的能力，缺少正确的交往经验。因此，作为新时期的幼教工作者，有义务培养幼儿的社会交往品质。

（1）人是社会性动物，人无法离群索居。每个人每天都需要从他人那里获得信息，学习他人的经验和智能，学会沟通协调、合作完成工作，所以，对幼儿交往品质的培养是十分必要的。

（2）幼儿的社会性发展需要交往。幼儿的社会性发展是指进行积极的社会交往，建立和谐的社会关系，掌握和遵守一定的行为准则及控制自身行为的能力，用以适应社会的心理特征。这一社会性发展正需要幼儿具备

交往的品质。

(3) 幼儿将来能否积极地适应各种环境，能否协调好与他人与集体的关系，能否勇敢地担负起社会责任，能否乐观地对待人生等，决定于幼儿期的生活积累和受教育的状况。在幼儿阶段培养交往品质，从某种意义上讲，比传播知识、训练技能更为重要。

(4) 交往是人类生存的需要，也是人们精神生活的重要内容。幼儿的社会交往是生长发育与个性发展的需要，也是完成个体社会化的重要过程。要在社会上生存，就必须学会社会交往，一个人的交往能力常常决定着他的才能是否被社会所认可。通过社会交往可以使幼儿了解和认识人与人之间、人与社会之间的关系，学习社会道德准则和处理人们之间的关系，帮助幼儿克服任性、以自我为中心等不利于社会交往的行为，发展行为调节能力和社会活动能力，以形成适应社会要求的社会性行为。

幼儿园是幼儿集体生活的地方，教育及心理科学研究表明幼儿的个性和品质的培养离不开幼儿间的相互联系和相互作用，幼儿间的同伴交往对幼儿个性、品质的发展起着重要的促进作用。交往不仅影响幼儿的社会适应性，也将终生影响他们适应社会的程度。

(二) 经典教育活动案例

活动目标：

(1) 让幼儿认识交往的重要性。

(2) 通过幼儿间的冲突事件，教育他们如何与其他小朋友交往。

活动准备：

玩具汽车，积木等。

活动过程：

活动一

三个中班小朋友在玩开汽车的游戏。聪聪开着汽车把乐乐的汽车撞翻了。乐乐立刻大声对聪聪说：“不准撞我的汽车！”

聪聪看似没有反应，却再次发动“袭击”。这时，乐乐对聪聪嚷道：“不准撞我的汽车！我要生气了！”

聪聪还是不说话，而且还招呼壮壮一起去撞。壮壮犹豫了一会儿，接受了聪聪的“邀请”。于是，聪聪和壮壮一起去撞乐乐的汽车。乐乐看到心爱的汽车被撞翻在地，气愤地拽过壮壮的胳膊，闭着眼睛就咬。

这时，老师恰巧过来，看到这一情景，便大声阻止道：“乐乐，你在干什么？”

乐乐听到老师的话后松开壮壮，低下了头。

老师指着壮壮胳膊上的小牙印，批评乐乐：“你看看，你看看你把人家咬的！”

老师又问：“怎么回事？你们说说，到底是怎么回事？”

乐乐和壮壮都低着头，一声不吭。

过了一会儿，老师又指着壮壮的伤痕对乐乐说：“你看看，你都把壮壮咬出血了。他爸爸妈妈看见了多心疼啊！你想想，要是你被别的小朋友咬成这样，你爸爸妈妈是不是很心疼啊？”

乐乐低着头嗫嚅着说：“是。”

老师说：“这就对了，快对壮壮说‘对不起’。”

乐乐绞着手，不说话。

老师又要求说：“快向壮壮道歉，说‘对不起’！”

过了几分钟，乐乐才抬起头对壮壮说：“对不起。”

老师见乐乐按自己的要求做了，就温和地对乐乐说：“以后再也不许咬人了，听见了吗？”

乐乐点点头。

“好了，你们都去玩吧！”老师说。

活动二

宁宁想建造一座城堡，浩浩想为玩具卡车修条路。飞飞觉得这两个想法都不错。最后，宁宁和飞飞开始建城堡，浩浩准备修一条长长的路。

宁宁对飞飞说：“给我一块长积木。”飞飞从地毯上拿起一块积木递给宁宁。

浩浩叫道：“那块积木是我用来修路的。”说着，从宁宁手里夺回了积木。

于是，宁宁用脚踢翻了浩浩搭建的道路。

这时，老师介入了："这儿发生什么事了？"

浩浩说："宁宁弄坏了我的'路'，他让飞飞拿我的积木。"

宁宁辩道："那不是你的积木。"

浩浩说："我先拿到的。"

宁宁抓住积木不肯放，坚定地说："可我需要它。"

老师把这两个男孩分开，说："宁宁，你能用语言告诉浩浩你想要什么，而不是用争夺的方式吗？"

宁宁回答："我告诉他我想要这块积木。"

老师又问："那他说什么了？他告诉过你为什么他不给你吗？"

浩浩马上说："因为今天我是第一个拿到这块积木的。"

老师又对浩浩说："当宁宁把积木从你身边拿走时，你感觉如何？你告诉过他那样做使你生气了吗？"

浩浩说："我要发疯了。"

老师表示理解："是啊，要发疯了。当你感到愤怒时，除了抢夺积木，是否还能用其他的方式？告诉我，你可以怎样做？"

浩浩委屈地说："我确实已经和他讲过了。"

宁宁有些激动："没有，你没有！你只是抢它……"

此时老师说："宁宁，当浩浩拿走积木时，你是不是想打他？当你生气的时候，你应该用语言而不是用打架的方式来解决问题。况且，你们俩还是好朋友，好朋友是不能打架的。你们俩为什么不相互说声'对不起'，然后，你们就可以一起建造一座有道路环绕的城堡了。看，像这样。浩浩，你可以把两块稍短一点的积木连在一起。是的，就是这样。"

……

（三）反思拓展

幼儿入园后，同伴交往成为影响幼儿社会化发展的主要因素。幼儿在交往过程中，有时会发生争执或打架现象。在上述两个教育活动案例中，两位教师都及时有效地阻止了幼儿的打架行为，而且都是通过提问介入的，但两位教师的教育方式有所不同。

第一位教师调解时的问话是指向攻击幼儿，围绕被攻击幼儿的受伤程度进行的。方法是通过移情，使攻击的幼儿认识到打人是错误的，然后让他通过道歉来弥补过错，取得对方的谅解。处理到此为止，未就被攻击幼儿的同伴交往问题进行探讨，从而使攻击幼儿的情绪未得到释放，而被攻击幼儿也未能从此事件中得到有效的学习。第二位教师调解的问话则指向双方幼儿，一步一步地引导幼儿说出自己的感受，加深彼此的理解。在这一过程中，幼儿明白了打架是不对的，解决问题的方式有很多种。最后，教师引导幼儿相互体谅。

虽然方式不同，但目的都是为了培养幼儿良好的交往品质，以便更好地化解矛盾。对于幼儿的交往品质，教师又该如何培养呢？

1. 激发交往动机，创设良好、愉快的环境

幼儿园是幼儿集体生活的地方，教师应利用各种资源，积极为幼儿创设交往的环境，使他们在这一大环境中树立交往的意识，培养幼儿交往的品质。

（1）激发幼儿的积极交往情绪，建立师幼和谐的平等环境。幼儿刚从家庭和父母怀抱中走出来，在他们身上普遍存在不合群、不善与人交往、不会合作等现象，此时，需要教师主动与幼儿交流，热情地照料幼儿，与幼儿在情感上、认识上达成一致，建立朋友关系。

对于胆小、内向的幼儿，教师应经常亲切、温和地与之交流，鼓励他大胆地说出自己的想法，让他在宽容、友爱中产生自信，产生交往的愿望。

对于班级中爱插嘴、习惯差的幼儿，教师也应做到努力理解他们的感受，而不是不加区别地一概制止、训斥，扼杀他们刚刚萌生的交往欲望。教师应多倾听幼儿的意见，让幼儿体验和睦平等的愉悦，而不是教师说了算，冷却幼儿的交往热情。

（2）树立幼儿交往的自信心，给幼儿提供自由发展的空间。让幼儿在幼儿园的每一天都快乐是全体幼教工作者的心愿，教师应该关注每一位幼儿，用亲切的态度与笑容去了解、亲近幼儿。由于幼儿来自不同的家庭，不同的家庭有不同的交往背景，每个幼儿的性格特点又各不相同。一些幼儿生性好动、好强，不怕生；一些幼儿性格内向、孤僻，不敢与人交往；

还有个别幼儿缺乏安全感，只信任自己的亲人，对身边的其他人产生怀疑、不信任等。

作为教师，在认真分析这些幼儿的个性特点后，应积极与家长进行沟通，与家长共同培养幼儿的交往品质，使幼儿树立交往的信心。

2. 帮助幼儿建立宽松和谐的同伴关系

同伴交往是人际交往的重要形式，是幼儿学习社会交往的开始。教师应利用周围生活中的自然情境来帮助幼儿建立良好的同伴关系，在生活中可以利用一些自然发生的情境，帮助幼儿寻找游戏伙伴，鼓励幼儿多结交新朋友。例如，教师可以开辟“玩具世界”，发动幼儿从家里带来心爱的玩具，利用玩具为幼儿提供交往的机会。在家庭中，孩子一般只限于与家人交往。进幼儿园后，交往范围明显扩大，他们要学会与同伴交往、分享和合作。

在活动中，教师要及时表扬那些主动与同伴一起玩玩具的幼儿，促使幼儿之间建立起平等友好的关系，培养人际交往的积极情感。教师还可以让幼儿讨论“怎样和同伴合作玩”“别人想玩你的玩具时该怎么办”“你拿到同伴的玩具时该怎么说”“你想玩别人的玩具时该怎么说”等话题，让幼儿说出自己的想法，从而明白与人相处的方法。

3. 设计开放式的日常活动，拓宽幼儿交往的空间

交往品质的培养单靠说教是收不到显著的效果的，为了让幼儿的交往能力有更好的发展，教师可以设计多样的开放式交往活动，打造幼儿良好的交往品质。

（1）礼貌小天使活动。每天来园时，教师安排礼貌小天使与老师一起迎接其他小朋友来园，让他们彬彬有礼地对每一个入园的小朋友及家长给以甜甜的问候。

（2）混龄、混班游戏。打破班级界限，让孩子自由选择游戏。教师可以进行混班游戏，在内容设计上有意识地选择有助于培养交往品质的游戏，如角色游戏、时装秀、故事表演、结构游戏、组画等，每一个游戏都设定名额，并将名额牌发放到各个班级。幼儿在班级自由选好游戏内容，并挂上相应的牌子到游戏角里去玩。在这种自由选择、自由组合的活动中，幼儿的主动性、积极性更强，因是混班，游戏活动中有很多同伴都是互不认识的，所以交往的意识与技能的要求相应更高。

此外，教师还应抓住细小的环节，促进幼儿交往能力的发展。教师可以将培养幼儿交往品质的教育活动贯穿在幼儿的一日活动中，例如，在餐后散步时，看到忙碌的食堂阿姨，教师带领幼儿一起热情地打招呼；在幼儿手工活动后，和他们一起将作品送给其他班的小弟弟、小妹妹等。

4. 正确处理幼儿交往中的纠纷

幼儿在交往中总要发生各种各样的矛盾，教师不必大惊小怪，也不要如同法官似地审问、裁决，但切不可偏袒。有矛盾不是坏事，在发生矛盾与解决矛盾中，幼儿可获得多方面的锻炼发展。教师只要给予必要的提醒和暗示，让幼儿学会处理一些自己能处理的矛盾，例如，晴晴是个文静的小女孩，特别胆小。一次在幼儿园玩球时，晴晴的球被小朋友抢了去，她就吓哭了，靠在教师身边不敢玩了，教师鼓励她不用怕，教她有礼貌地去向那个小朋友要回皮球，在教师的鼓励下她终于勇敢地向小朋友讨回了皮球，迈开了交往的第一步。

5. 开展角色游戏，培养幼儿的交往品质

角色游戏是幼儿根据自己生活的经验和意愿，模仿成人劳动和交往的一种创造性活动，它是幼儿自己教育自己，自己培养自己，承担社会角色和遵守社会角色规范的一种自我教育活动。

教师可以开展“娃娃家”“娃娃超市”“娃娃医院”“小小建筑师”等角色游戏，在活动中，让幼儿通过扮演“爸爸”“妈妈”“售货员”“医生”等角色，表现出积极参与社会交往的主动性、角色意识和对角色规范的认同感。

在此类活动中，女孩一般表现得比较细腻，在老师的引导下，她们会生动地表现出“售货员”坚守岗位、热情待客，表现出“医生认真看病、热情关怀病人”的态度。男孩则比较争强好胜，有正义感，喜欢扮演交警指挥交通、扮演警察抓小偷，扮演建筑师建设高楼大厦，扮演工程师设计汽车、飞机等。

幼儿在角色游戏中表现出来的角色行为是幼儿对社会角色的认同，通过模仿角色，他们不但强化了交往意识和角色规范，并且自觉不自觉地将这些意识和规范迁移到自己的现实生活中去。

在游戏过程中，教师应有意识地鼓励幼儿多交往，让他们自己找伙伴，引导他们友好合作，让他们在游戏中感受到交往的重要。

6. 通过主题教学，培养幼儿的交往品质

愉快的交往经验可以提高幼儿的自信心，而自信心的增强又会引发更强的交往主动性，两者相互促进形成良性循环。主题活动为幼儿创设了愉快的交往机会，是提高交往能力的最有益的活动之一。根据主题目标，教师可以有意识地安排设计一些幼儿交往行为的主题，通过主题教学，在各个领域渗入交往行为的内容。

7. 举办亲子活动，增加幼儿交往的机会

亲子活动深受家长和幼儿的喜爱。幼儿在家长的陪同下心情愉快，情绪放松，在活动中能大胆地表现自己，大方地与人交往。因此，亲子活动也为幼儿创设了愉快的交往机会，是提高交往能力的最有益的活动之一。

例如，教师在进行“小小蛋儿把门开”的主题活动时，邀请家长参加有关蛋的亲子探究活动。幼儿兴奋地在展台前向家长和小朋友介绍各种各样的蛋及蛋制品，和小伙伴一起学一学“蛋宝宝滚一滚”，一起探究怎样让“蛋宝宝”站起来，在家长的帮助下，煎一个鸡蛋送给好朋友吃等。在这样的活动中，幼儿是活动的主角，教师和家长是配角。幼儿感到无拘无束，既扩大了自己的交往范围，同时又享受到交往的乐趣及同伴之间的友好相处、互相帮助的快乐，从而发展了交往能力。

8. 家园配合，共同培养幼儿的交往品质

苏霍林斯基说过：“没有家庭教育的学校教育和没有学校教育的家庭教育，都不可能完成培养人这一细致而复杂的任务。”社会行为的学习，交往品质的培养是一个长时间的连续过程，家长和教师只有一致要求，共同培养，才能取得较好的效果。

但家长往往在孩子的身体发育和智力开发方面比较重视，而在培养孩子的交往品质方面有所忽略。为取得家长的配合，共同培养幼儿的交往品质，教师可以通过班级的“家长园地”“班级网站”向家长做有关这方面的宣传，以得到家长的理解、配合。

家长可有意为孩子提供交往的机会，例如，家里来了客人，家长教育孩子礼貌地与客人打招呼和交谈；如果有小伙伴同来，家长要鼓励孩子拿出玩具和小伙伴一起玩，拿出好吃的食物与小伙伴分享。这样，不仅培养了幼儿的交往能力，也使幼儿在学习礼貌待人的同时，学会了社会交往的技能和本领。

教师还可以通过开放半日活动，或召开家长会、家访、家长课堂等活动，向家长了解幼儿在家的生活交往情况。同时，向家长介绍培养幼儿交往品质的积极意义。

《幼儿园教育指导纲要（试行）》指出：“幼儿的社会性培养需要家、园、社会保持一致、密切配合。”培养幼儿的社会交往能力需要家长与教师做有心人，共同为幼儿创设各种机会，耐心指导，重视家园同步教育，将幼儿培养成既有健康的身体又有健全的人格的孩子。

美国著名教育家戴尔·卡耐基说：“一个人事业的成功，只有15%是由于他的专业技术，另外的85%要靠人际关系和处世技巧。良好的人际关系和处世技巧来源于娴熟的交往技巧和合作意识。”

幼儿交往品质的培养是一个长时间的连续过程，是在与人交往的过程中培养的，必须经过由外到内、由内到外，不断内化、不断外显的循环往复之后才能形成。因此，教师应创造条件让幼儿与各种不同的人交流和沟通，通过丰富多彩的活动和交往，在自然、真实、直观的冲突交往情境中学会尊重人、理解人、关心人，学会如何与他人共存、共同发展，从而养成待人处事的良好态度，获得社会交往的能力。

树立榜样，培养幼儿的勤奋品质

（一）培养幼儿勤奋品质的重要性

勤奋是获取成功最主要的因素，是通往成功的必经之路。因为勤奋，安徒生从一个鞋匠的儿子变成了童话之王；因为勤奋，爱迪生才有了一千多种伟大的发明；因为勤奋，爱因斯坦才得以创立震惊世界的相对论；因为勤奋，中国古代先贤才给我们留下了“悬梁刺股”“凿壁借光”“囊萤积雪”的千古美谈。

勤奋是优良的性格特征和品质，它与幼儿的身心发展关系十分密切，是幼儿成才的重要条件。无数事实证明，事业上有成就的人，无不在其幼儿时期就培养了勤奋的品质。

教师培养幼儿的勤奋品质，应与防止幼儿懒惰同时进行。幼儿的懒惰往往表现在经常不肯做自己力所能及的事，怕累、贪图舒服成为习性。有的幼儿因为害怕困难，不愿动脑筋去了解事物，学习知识；有的幼儿虽能接受成人给予的任务，可是在完成过程中马马虎虎，随时放弃目标，没有责任心。

幼儿不勤奋有哪些方面的原因呢？

（1）幼儿不勤奋的习性由客观环境和成人的不正确对待而造成。家长对幼儿“过分的关怀”和“包办代替”是造成幼儿不勤奋的主要原因。有些家长将幼儿自己能做的事，不分大小难易，一律包办代替。家长经常如此，就导致幼儿故意撒娇，对自己做事失去信心而懒得去做。

（2）有的幼儿懒于做花体力的事，有的则懒于做动脑筋思考的事，这也是由于家长溺爱而造成的。有的家长担心幼儿累坏身体，或家长本身轻视体力活动，不让幼儿有从事体力劳动的机会；有的家长为幼儿想得太周全，不让幼儿有自己思考问题的机会。

（3）家长不勤奋的行为潜移默化地影响着幼儿。有的家长在家中动辄使唤别人代他做他自己可以做的事；有的家长从事体力劳动或脑力劳动时，叫苦连天或半途而废等，幼儿亲眼看见并加以模仿，也容易形成不愿勤奋的心理。

不勤奋的习性是幼儿智能发展的障碍。一个懒于做事、懒于参加各种活动、懒于思考问题的幼儿，必然接触的事物少，获得的知识少，思维无法活跃，久而久之，就会成为行动与思想都比较呆滞的人。有心理学家调查了100名学习成绩落后、智商比一般幼儿差的幼儿，结果发现其中75%都因不勤奋所致。

爱因斯坦说过："在天才与勤奋之间，我毫不迟疑地选择勤奋，她几乎是世界上一切成就的催产婆。"门捷列夫说过："没有加倍的勤奋，就既没有才能，也没有天才。"爱迪生说过："天才就是百分之一的灵感加上百分之九十九的勤奋。"事实上，一个勤奋的人能够取得的成就必然比其他人要多。勤奋会使有天赋的人才能更出众，平凡人也能通过勤奋弥补缺陷。虽然勤奋不等于成功，但幼儿要获得成功则必须培养勤奋的品质。

（二）经典教育活动案例

活动目标：

（1）在理解歌词内容的基础上，能较自然地演唱歌曲《懒惰虫》。

（2）借助动作的提示，理解并记忆歌词。

（3）懂得做个勤奋的孩子。

活动准备：

（1）懒惰虫的头饰。

（2）幼儿围坐成半圆形（其中男孩、女孩分开坐）。

活动过程：

某教师接手新班级后，发现班里的一些幼儿非常懒惰。上课时，教师布置的作业要求当堂抄完，可这些幼儿就是不急，一节课也抄不完，教师不盯着根本就不抄写。他们回家写作业也一直需要家长在旁边盯着，不盯着就拿其他东西玩。

在现代社会，成功永远属于勤奋、有干劲的人。如果幼儿不能养成勤奋的品质，就会对他们以后的健康成长十分不利，于是教师决定举行几次教育活动，帮助幼儿认识到勤奋的重要性，养成勤奋的品质。

师：小朋友们，今天老师要为大家讲一个故事，大家想不想听？

幼：想！

师：一天，一个乞丐对上帝说："万能的主啊，如果你像人们说的那样仁慈，就请你可怜一下你的子民吧，他正沿街乞讨呢。"

于是上帝让乞丐认识了一个穷人，穷人把自己的茅屋与乞丐共同分享，并且还让他跟自己一起吃，一起睡，一起玩，乞丐不再乞讨了。

可没过多久，乞丐厌倦了这种贫穷的日子，他又对上帝说："万能的主啊，如果你像人们说的那样仁慈，就请你可怜一下你的子民吧。他生活在水深火热之中，贫穷使他在别人面前抬不起头来，更没有女孩愿意嫁给他，你能让他变得富有并且娶到一个美丽贤惠的妻子吗？"

于是，上帝让乞丐认识了一个富有的人，富人给乞丐分享自己的别墅，并且将自己的女儿许配给他。

没过多久，乞丐又厌倦了，对上帝说："万能的主啊，你为什么违背别人对你的信任？你是不是忘记了我对你有过的乞求……"

没有等乞丐说完，上帝就温和地说："我的孩子，你慢慢等吧，我会给你一个满意的结果。"上帝说完，就随风而去。

那个曾经是乞丐的人，此时正在梦想他以后的好日子呢，他相信上帝能够满足他的愿望……

有一天，一场灾难降临到乞丐的头上，他以"杀人同伙"的罪名被判死刑。

乞丐绝望了，他责问上帝："不是说会给我一个好的结果吗？"

上帝说："是呀，这就是最好的结果，它能警告那些想不劳而获的人，懒惰是没有什么好下场的。我给过你荣华富贵，也给过你俏丽佳人，你不珍惜，这就不能怪我了呀。况且，据我所知，只有勤奋的人才配拥有我能给他的最好结果。你明白了这个道理后，你就可以安心地去死了，可怜的孩子。”

师：这个故事告诉我们什么道理呢？

幼：这个故事告诉我们，如果不勤奋，只想着不劳而获，是不会有好下场的。

师：小朋友们说得很对。勤奋可以让你们的人生有一个好的结果。塞缪尔·斯迈尔斯说过：“如果你有天才，勤奋将使你如虎添翼；如果你没有天才，勤奋将使你赢得一切。”

老师这里有一首歌《懒惰虫和勤快人》，小朋友们想不想听听？

幼：想！

师：你是懒惰虫，你是懒惰虫，你全身都在痛。

你的手也痛，你的脚也痛，你全身都在痛。

我是勤快人，我是勤快人，我全身都是劲。

我的手有劲，我的脚有劲，我天天在劳动。

师：歌好不好听？

幼：好听！

师：听了歌之后，小朋友说说懒惰虫哪里会痛？

幼：眼睛痛。

幼：肚子痛。

幼：浑身都痛。

教师先让幼儿熟悉歌词。接下来问幼儿“懒惰虫浑身都痛了”是怎么唱的，在重点处，教师又清唱了一遍。

师：现在我们来玩一玩懒惰虫痛的样子。让我们把懒惰虫痛的样子给唱出来吧。

教师和小朋友们一起边表演边唱。有的小朋友学习兴趣不高。

师：我们再来看看这儿有没有懒惰虫。

听到老师这么说，小朋友都不愿意当懒惰虫，幼儿开始积极参与，热情高涨。

师：小朋友们说说，我们不做懒惰虫，应该做些什么事情呢？

幼：每天完成作业。

幼：有不懂的就问。

幼：帮助爸爸妈妈做我能做的事。

师：小朋友们说得真好，我们大家一定要做一个勤奋的人，不能像故事里的乞丐一样懒惰。小朋友们，让我们通过勤奋弥补不足，成为一个成功的人。

幼：好！

（三）反思拓展

在上面的案例中，教师通过故事与儿歌让幼儿明白了勤奋的重要性，让幼儿知道不能像乞丐一样懒惰，不能做一个衣来伸手、饭来张口的孩子，让幼儿明白，通过自身的勤奋可以弥补先天的不足，成为一个成功的人。

与勤奋相对的懒惰是一种好逸恶劳、不思进取、缺少责任心和缺少时间观念的心理特征。幼儿不勤奋、懒惰的表现尤为突出。《国家中长期教育改革和发展规划纲要（2010—2020）》要求教师培养幼儿多方面的能力和素质，而懒惰心理就像一道城门，打不开它，提高幼儿的素质、能力则无从谈起。因此，教师应帮助幼儿养成勤奋的良好品质，掌握成功的第一把钥匙。

教师应该怎样培养幼儿的勤奋品质呢？

1. 对幼儿循循善诱

幼儿的意志和毅力不如成人，为了让幼儿养成勤奋的习惯，教师不妨采用循循善诱的办法，有步骤地引导幼儿去学习。教师循循善诱时需要注意以下几点：

（1）注意培养幼儿在学习方面的基本功，比如一定的知识面。

（2）要注意适时教育，教师引导幼儿勤奋学习时，要抓住幼儿有学习欲望的时候。

（3）要注意适量，幼儿毕竟是幼儿，不要以成人的标准去要求幼儿，教师的要求不能超出幼儿所能承受的范围。

（4）教师要态度平和，不要急于求成，否则效果会适得其反。

2. 对幼儿的要求要根据幼儿的表现而提升

幼儿总是比较容易满足于当前的成绩，在取得成绩后常常会不思进取。这时候，教师应该及时根据幼儿的表现提出高一点的要求，让幼儿永远有前进的方向和目标。

3. 通过劳动促使幼儿勤奋

勤奋不仅表现在学习上，更表现在平时的劳动上。当幼儿成年走上社会后，他的勤奋就直接表现在工作中。因此，教师要有通过劳动来培养幼儿勤奋工作的好品质的意识。

教师可以在班级中设立劳动奖励项目，比如拖地奖励一个红心，收拾自己的桌凳奖励一个红心等。同时，教师可告诉家长，幼儿要零花钱时，可以让他们通过自己的劳动去挣，如果幼儿想要更多的零花钱，他就得通过自己勤劳的双手多干活。这样做的目的是要让幼儿懂得，只有努力干活才可以有收获，懒惰的人是什么也得不到的。

4. 用立志激励幼儿勤奋

俗话说："有志者事竟成。"如果幼儿树立了远大的志向，他们就能够用这个志向来激励自己勤奋努力，从而实现自己的志向。

因此，教师应及时发现幼儿的志向，帮助幼儿明确自己的志向，然后指导幼儿树立志向，并鼓励幼儿不断为了志向去努力。

教师可以每学期开几次以勤奋为主题的班会，播放一些与勤奋有关的名人故事，或者让幼儿讲讲他们对勤奋的看法以及讲述他们所能接触到的勤奋事迹，让每个幼儿进入这种氛围，产生要勤奋努力的想法，并为之付诸行动。

5. 帮助幼儿树立努力导致成功的归因观

心理学研究表明，归因分为外部归因和内部归因两种类型。一般来说，影响幼儿学业成功的因素一是外部条件或环境，如良好的园风、班风、教师的教学水平和人格品质，教师的督促关心，任务的难度等。二是幼儿的内部条件，如智力、努力、身心发展状况等。因此，教师应帮助幼儿树立勤奋努力取得成功的归因观，培养幼儿勤奋的品质。

6. 告诉幼儿努力的方向和方法

教师仅仅使幼儿认识到学习靠勤奋努力，学习成绩不好是由于勤奋努力不够，还不足以激发幼儿的学习积极性，不足以改变其学习成绩不佳的现状。教师应告诉幼儿努力的方向和方法，即朝什么方向努力，如何努力。有些教师只强调幼儿要努力学习，却从未或很少过问幼儿的学习方法与学习策略，幼儿虽然不笨，学习也努力刻苦，但因学习方法不当，学习效果老是提不上去，学习兴趣就会逐渐低落。因此，教师在培养幼儿勤奋努力的品质时，不要忘记检查和指导幼儿的学习方法与学习策略，让幼儿学会学习。

如果教师发现幼儿的学习基础差，跟不上教师的教学进度，可以给幼儿补课。学习有了进步，就会使幼儿体会到努力的效果，体会到成功的喜悦，从而增强自信心，进一步勤奋、努力。

7. 树立榜样，由点及面

幼儿的发展总是不一样的，有的幼儿学习习惯好，有的幼儿学习习惯就不那么尽如人意，而幼儿之间是可以相互影响的。所以，教师可以在幼儿中间树立一个好榜样，让幼儿相互促进，共同努力，养成勤奋的品质。

比如，教师可以设一个“勤奋”栏，表扬那些勤奋的幼儿，来鼓励和激励其他幼儿勤奋努力。

8. 家园合作，共同培养幼儿勤奋的品质

家长是教育资源中很重要的一部分，特别是在培养幼儿勤奋品质的过程中，家长的作用是不容忽视的。因此，教师应经常和家长沟通，保持家园要求的一致性，共同作用于幼儿，促使其勤奋品质的养成。

教师应该长期、及时地与家长保持联系，这样才能更好地了解幼儿的状况，采取相应的措施。

9. 不断强化勤奋的品质

曼思说过："习惯仿佛一根缆绳，我们每天给它缠上一股新索，要不了多久，它就会变得牢不可破。"这是说一个好品质的养成不是一朝一夕的事情，"养"不难，养成就需要有毅力坚持，需要不断强化。因此，教师应不断强化对幼儿勤奋品质的培养，使教育工作长久有效。

10. 教师和家长都需以身作则

俗话说"言传不如身教"。加里宁也说过："一个教师的一举一动，都处在严格的监督之下，世界上任何人也没有这样的监督，孩子们几十双眼睛盯着他，须知天地间再也没有什么东西比孩子的眼睛更加精细，更加敏锐。"

教师不仅仅以自己丰富的学识去教育幼儿，更重要的是要以自己的高尚品德来影响幼儿。幼儿是最喜欢模仿的，教师的一举一动都留在幼儿的脑海里。作为教师，更应该勤奋，给幼儿树立一个好榜样。

天津教育科学院基础所的白艳教授指出，要想培养幼儿成才，家长是最好的榜样，以身作则胜过苦口婆心。父母是幼儿的一面镜子，父母的言行举止在很大程度上会影响幼儿的行为。一对不勤奋的父母很有可能培养出一个不勤奋的幼儿。因为受年龄特征的影响，幼儿的可塑性强，同时自控力较差。所以，教师应紧密联系家长，让他们以身作则，给幼儿留下一个良好的形象，成为幼儿的一面镜子。

11. 给予奖励和表扬

教师可以设立"勤奋"奖项，就像三好学生奖一样，不同的是，它不强调学习，只要幼儿是勤奋的，即使学习成绩不怎么好，也可以获得这个奖项。教师这样做，可以在很大程度上激励幼儿勤奋、努力。当幼儿有勤奋的迹象时，教师应及时给予幼儿鼓励与表扬，让他们继续保持勤奋的精神。

教师需要综合利用各种资源，帮助幼儿形成勤奋努力的品质。因为拥有勤奋品质的幼儿，也就会拥有走向成功的钥匙。

华罗庚说过：“勤能补拙是良训，一分辛苦一分才。”勤奋是一种品质。也只有当勤奋成为品质以后，才能给幼儿带来更大的进步。因此，教师应耐心、积极地帮助幼儿在关键的可塑期养成勤奋努力的好品质，让幼儿迈上成功的台阶。

导放结合，培养幼儿的主动性

（一）培养幼儿主动性的重要性

主动性就是人的主体性，是人在与其他个体、群体或社会相互作用中所表现出来的主观能动性、积极性和创造性。对幼儿来说，就是不靠外力推动而自觉参加学习、生活和游戏等活动的一种积极向上的心理状态。与其他幼儿相比，主动性较强的幼儿能较为独立、自主地承担任务，积极主动地完成任务或要求。

与之相对的是，一些幼儿做事不主动，不管大事还是小事都常要人提醒。比如，一些全托的幼儿，到起床时间了，需要教师再三催促才起床；课间活动中，如果得不到其他幼儿的邀请，宁愿自己发呆也不主动参与游戏；课堂上，如果教师不问，就不会主动提问或答题，也不会主动参与课堂学习……

幼儿园教育的主要任务是形成、发展和提高幼儿的素质，而不仅仅是教给幼儿多少知识。传统的知识教学是不能适应形成、发展和提高幼儿素质这一要求的。幼儿素质的形成、发展和提高必须通过也只能通过幼儿的主体性活动来实现。同时，幼儿是一个社会的人，生来就具有人的尊严和价值，他们有自己的个性特点和心理需要，有自主性、独立性，有自己独立的人格。因此，教师必须树立正确的指导思想，充分认识到幼儿的主体地位。

从小培养幼儿的主动性，可以增强他们的自信心和进取心，使他们从小树立不断开拓创新和勇于克服困难的精神。只有这样，将来长大成人后，他们才能以积极的行为参与社会活动，乐观向上，不怕挫折，有竞争力，并能很快地适应社会，有魄力地面对所有挑战。所以，教师们不要把幼儿当做被动的接受者，而应引导其以主体的身份与外部世界相互作用，使幼儿在这一过程中主动地发展自己、完善自己和战胜自己。

（二）经典教育活动案例

活动目标：

(1) 激发幼儿的主动意识。

(2) 逐步培养幼儿积极主动的行为与习惯。

活动准备：

罐子、弹珠、木块和铅笔。

活动过程：

活动一

教师发现班里有几个幼儿又不主动洗手了。便后、餐前洗手这个问题，她已经强调很多遍了，但有些幼儿还是经常不主动洗手。

每次讲道理、教方法的最初几天，他们都洗得挺认真，可是时间一长，教师不督促了，他们就开始敷衍了事，让教师很是头疼。

这天午餐前，嘟嘟上完厕所又没洗手就直接坐到了餐桌前。教师刚要叫他去洗手，看到明明从厕所出来后直接去了洗手池洗手，就等着明明。

明明坐好后，教师拿起他的小手，轻轻地摸着说："明明的小手又白又嫩，真好看啊！"

旁边的嘟嘟一听，立刻伸出自己的小手说："老师，我的手不好看吗？"

教师拿起嘟嘟的手看了看说："没有明明的好。他的手还有股香味儿呢！不信，你闻闻。"

嘟嘟走过来闻了闻，点了点头。

"明明，你的手怎么会那么好看啊？"

"因为我刚才上完厕所很认真地洗手了。"

"怪不得呢！老师说过，手洗得仔细的小朋友，他的手就会变得特别好看。而且，如果认真洗手，手上还会有好闻的香皂香味。明明的手就是这样变好看的。”

“那我去洗手，老师也会闻着很香吗？”

“是啊！”

嘟嘟一听，立刻跳下小椅子去洗手了。几分钟后，他主动伸出手给教师闻。

教师也像摸明明的手一样，拿起他的手轻轻地摸了摸，然后放在鼻子下闻了闻，夸张地说：“咦？真的很香呢！”

嘟嘟一听老师夸奖自己，也高兴地拿起自己的手闻了起来。自此以后，他每天都会主动洗手，也会让老师闻。

活动二

小力是个非常胆小怕事的男孩子，平时一句话也不说，下课也不主动和其他的幼儿玩，总是一个人孤零零地坐在自己的位子上。老师上课提问，问他他才回答；不问他，他就自己发呆。

小力的字写得很漂亮，有一次教师把他写的字拿给全班幼儿看，在班上表扬了他，还奖给了他一朵小红花。没想到，一下课他就围着教师转，和教师亲近。

教师没想到自己的一次夸奖居然让这个孩子起了那么大的变化，于是在以后的日子里，只要发现他的一点点进步，就用竖大拇指或微笑、点头的方式鼓励他，让他感到老师时刻在关注他。

渐渐的，小力像变了个人似的。每当老师提问题，他总是把小手举得高高的；有时老师没有提问，他也会主动问老师问题。而无论他回答得如何，教师都会给予肯定，并对他的勇敢尝试称赞一番，让他在赏识中一次次获得自信。

如今，小力在课下也能主动地和其他小朋友一起玩了，有时还把悄悄话说给老师听，把老师当做他的知心朋友。

活动三

科学区里有许多罐子、弹珠、木块和铅笔等。教师本来想让幼儿自己操作“沉浮”实验，可是几个调皮的幼儿却把弹珠、木块放进罐子里不停地摇晃，罐子发出了“噼噼啪啪”的声音，一下子吸引了许多幼儿的注意。

摇晃罐子的幼儿一边摇晃一边得意地说："瞧！它们的声音不一样呢！很好听吧？"

教师本想叫他们停止，但是看到大家好奇的样子，又止住了。老师问那个摇晃罐子的幼儿："那你说为什么不一样呢？"说着，她拿过罐子，随意地把这两个罐子的盖子盖好，又放在身后交换了一下位置，问："这一下，你们光听声音还能猜出哪只罐子里装的是弹珠吗？"

幼儿们静静地听着，但是没人回答。

"那么，罐子里装上不同的东西，声音有什么变化吗？"教师启发道。

幼儿们立刻眼睛一亮，围在教师身边，不断地猜着，不断地实验着……

接下来的那几天，幼儿们自发地从家里带来了各种物品，尝试着放进罐子里，摇晃着听声音，想找出不同的东西放在罐子里发出的声音有什么不同。刚开始时，他们只是凭感觉猜，并且还一次次好奇地打开盖子验证自己猜得是否对。再后来，有几个幼儿想到了比较的方法，即拿一个空罐子，依次盛放桌上的物品，并与教师盛放物品的罐子一起摇动，辨别声音的不同。有一个幼儿还想出了用"掂重量"的方法比较……

一时间，幼儿们异常兴奋，为自己能想出答案而感到无比自豪，自信心也油然而生，越来越愿意主动探索周围事物的变化了。

（三）反思拓展

《幼儿园工作规程》和《幼儿园教育指导纲要（试行）》都明确强调："幼儿是活动的主体，在教育活动中，应引导幼儿积极主动地活动。"

21世纪提倡素质教育，而素质教育包含让受教育者主动发展的要义。现代教育是主体性的教育，而主体性教育的重要特征之一就是要发挥受教育者的独立性、主动性和创造性。作为受教育者，幼儿处于主体性初步确立的时期，因此，教师在教育活动中要组织和引导幼儿通过各种动手动脑的实践活动，主动参与、学习、发现，主动掌握知识技能，提高自身素质，全面、和谐地发展。

这就要求教师努力学习有关儿童心理、发展的理论，并从转变观念入手，在实践中从以下几方面加以运用，以更好地调动和发挥幼儿的积极性和主动性。

1. 坚持教师的主导性

幼儿的发展无疑有其自身的规律，但不是随意的，它同时受到环境的极大影响。自出生起，幼儿就受到周围环境，尤其是人际交往环境的影响。每个人的成长都有其抚养者或其他相关成人影响的烙印。可见，不管成年人是自觉还是不自觉，都会影响幼儿的发展。所以，要让幼儿得到良好的发展，教师就应自觉地给幼儿正确的引导。

教师的教育工作就应遵循幼儿的发展规律，然而教育在本质上是一种社会现象，无论哪个社会，都势必会以社会的要求作为方向，幼儿的发展方向受教育方向的引导。

因此，在调动幼儿的积极主动性、培养其主动做事的品质时，教师应起主导作用。1993 年，特别强调教育要适合儿童发展的美国早期教育派声明："不是说教师不用教，不是让儿童控制教师，而是强调环境的作用，而环境是要由教师控制的。"这表明，脱离教师主导、控制而单纯地强调儿童的个人积极性，是不适宜的。

只有在教师正确发挥主导作用的前提下，幼儿的积极主动性才能充分发挥。相反，没有教师的主导，幼儿的主动性发挥就无从谈起。所以，即便幼儿能主动参与、学习了，教师也不能在一边只看不管，而照样应加以引导。

2. 创造主动的游戏环境

陈鹤琴说："小孩子是生来好动的，是以游戏为生命的。"游戏是最能发挥幼儿主动性的活动，在幼儿的一日生活中，游戏无处不在，所以教师要想办法让游戏成为教育的载体。

在了解幼儿已有经验的基础上，教师可以引导幼儿共同参与游戏的创设，为幼儿提供丰富的游戏环境及均等的游戏机会，让幼儿按自己的意愿自由选择游戏，以自己的方式进行游戏，在与材料、伙伴的相互作用中，共同分享游戏带来的快乐，学习彼此的经验，从而促进幼儿主动性、独立性和创造性的发展，在自主性游戏中学习，在自主性游戏中学会做人、学会生活。

幼儿做事主动的前提是他们在活动中能够主动地选择、参与、探索、决定和表达。幼儿是在主动的活动中得以发展的，所以，教师布置幼儿园或班级环境时，应有利于幼儿进行自主、自由的活动，让幼儿成为环境的主人。如创设活动角时，要注意便于幼儿主动、自由地利用该环境开展活动；班级环境的布置应能满足幼儿自主、自由活动的需要，给幼儿提供动手、动脑、自由交往、自我发现的机会，让幼儿根据自己的兴趣与能力自由地选择活动。

3. 用表扬正面引导幼儿

主动性的培养是一个持久的过程，需要教师耐心细致地做工作。对幼儿哪怕微不足道的积极主动行为甚至其他微小的进步，教师都要及时给予肯定和鼓励，让幼儿体验到成功的喜悦，获得自我肯定的满足，进而使幼儿的主动行为在被强化的基础上形成习惯。

教师的鼓励和赞赏可促使幼儿从自觉的意识变为自觉的行动。所以，教师要在日常的生活、学习和活动中，仔细观察、认真分析幼儿的表现，对幼儿高昂的热情、不错的想法、积极的行为和出色的表现等，尽可能地用口头表扬或采取诸如微笑、点头、亲昵的眼神、爱抚的动作等予以强化，增强其主动参与的信心，促使其自觉地、热情地参与各种活动，表现自己。

4. 导放结合，让幼儿的自主权多一点

在组织教育、游戏时，教师既要激发幼儿主动参与的动机，又要根据活动特点和幼儿实际，为幼儿提供主动参与的机会，创造幼儿自主发展的条件，充分发挥教师的主导作用和幼儿的主体作用。

事实证明，幼儿在主动参与中获得的体验是特别重要的。只要幼儿有自由的时间和机会，他们的创造力是惊人的。所以，教师在教育、游戏等活动中，既要充分发挥教师的主导作用，又要十分重视幼儿的主体能动作用；既要发挥教师的主导作用，又要尊重、调动幼儿的主动性、积极性和创造性。

5. 培养幼儿的自控能力和义务感

要发挥幼儿的积极主动性，还必须处理好主动和社会遵从之间的关系。幼儿的积极主动性与包括服从约定俗成的规则、听从成年人意见等方面的社会遵从，是对立统一、相辅相成的关系，二者不可截然分开，即主动性必须是有利于幼儿在社会性活动中发展的主动性，而不是不顾客观环境和他人的利益、盲目行动的主动性。为此，教师应培养幼儿遵从客观规律的意识，懂得不能做客观条件不允许的事；培养幼儿在集体生活中的规则意识，懂得一切行动要考虑到他人的需要，不能任性地按自己的愿望行事。

要做到这一点，关键是要培养幼儿自我控制和自我约束的能力，使幼儿逐渐能够控制自己的冲动感情和行动，不去做那些不符合集体生活要求的事情。

此外，发挥幼儿的积极主动性，还需要教师培养他们对集体的义务感。一些教师经常说“帮老师擦一下桌子”“请递给老师一本书”，总之让幼儿做什么，就必须说“帮”“请”。这样做，幼儿确实很开心地主动地帮助了教师，但事实上，他们却不一定真正懂得自己的行为要对集体负责，自己有义务为集体做些事情。

用“帮”“请”求来的“主动”，其实并不是幼儿发自内心的真正的“积极主动”。所以教师应让幼儿从小养成自觉承担一定义务的习惯，让他们懂得为集体做事不是在“帮”谁，而是在做自己的分内事。

6. 培养幼儿的生活自理能力

要调动幼儿的积极主动性，除了培养幼儿主动学习和成就动机等良好的态度外，还必须培养其相应的能力，因为能力是成功地进行活动的保证。只有具备相应的能力，幼儿才会对自己有信心，才会敢于主动。

幼儿需要培养的基本生活自理能力，包括生活起居的自理能力、人际交往能力和自我保护能力。如果教师对幼儿包办代替得过多，幼儿就会失去练习和学习的机会，甚至连吃饭穿衣都学不会。比如，因为在家都是家长喂着吃，一些幼儿不会用筷子吃饭，不会自己剥鸡蛋壳，而教师也就迁就幼儿，喂他们吃。

如果对幼儿管得过多，幼儿就会失去独立活动和处理人际关系的能力，比如，不会正常地和小伙伴友好交往，不会处理同伴之间的纠纷等。如果总是对幼儿过分保护，他们就不能学会自我保护，比如，不知道天冷加衣服，不知道天热减衣服，不知道用湿手摸插座会触电……

教师只有给予正确的教育、帮助和引导，放手让幼儿锻炼，幼儿的各种能力才能逐渐培养起来，这时他们才会真正放开手脚，主动去做自己喜欢的或不会但有兴趣的事情。所以，在幼儿园，教师最先教给学生的应是基本的生活自理能力。

主动性是幼儿心理发展的重要前提，是形成个体心理发展差异的重要因素之一。

主动性强的幼儿对周围环境及事物能产生积极反应，有强烈的好奇心和探究欲望，在活动中能坚持不懈，因此他们更能主动获得知识、学习技能，更好地主动适应外界环境，主动与人交往，这对他们未来自觉地学习知识、创造性地解决问题和改造世界都会产生深远而长久的影响。相反，主动性不强的幼儿，做什么都缺乏积极性，同时还不善于思考，只会被动地顺从或模仿，久而久之，其思维和潜力会被禁锢起来，养成懒惰、被动的性格，从而失去自信与竞争能力，不利于适应未来社会。

因此，教师要积极主动地了解影响幼儿主动性的因素，并采取相应措施提高幼儿的主动性，让他们成为一个主动的人。

分配合适的任务，培养幼儿的责任心

（一）培养幼儿责任心的重要性

作为幼儿的一种重要的社会性品质，责任心深受心理与教育研究者的重视。舒尔、王健敏等研究者将幼儿责任心视为社会性三维结构中的一个重要维度，认为责任心是儿童社会性发展的一个核心内容。

北京师范大学教授陈会昌研究发现，儿童责任心的发生、发展，通常要经历三个阶段：

第一阶段是强制性责任水平。此时，幼儿把责任看成必须完成的，但并不理解责任的意义。他们重视的是成年人的外在要求和标准，如"老师让我这样做的""不做老师就不喜欢我了""老师让我们做的，就必须得做，不做会挨批评"等。这在小班幼儿中比较多见。

第二阶段是半理解责任水平。此时，幼儿逐渐摆脱了成年人权威的约束，已经对责任有了一定程度的理解，并能基于责任对他人、集体、社会的重要性作出判断，但这种理解还不全面、深刻，也没有成为信念。

第三阶段是原则的责任水平。此时，幼儿基本摆脱了对成年人权威的畏惧，不仅能估计到不负责任的后果，而且还能考虑到它带来的间接而长远的影响。这时，个体的责任心已内化为自身的价值标准，不易受外界因素的干扰。部分大班幼儿可具有此种水平。

幼儿的责任心通常主要表现为认真完成成年人交给的任务，完成日常生活规范所规定的义务以及对同伴和集体的事采取认真负责的态度等。然而，从生活、学习、游戏等活动中看，一些幼儿的语言、行为、态度等种种表现并不令人满意，自私、破坏、攻击、懒惰的心理状态及行为都有不同程度的体现。这种种不良因素的存在，正是幼儿责任心缺失的表现，而对幼儿来说，责任心的培养是个性发展的核心，对幼儿的终身发展起着不可估量的作用。因此，责任心的培养，是幼儿园教育和家庭教育的重要内容，也是幼儿成长过程中必要的一课。幼儿教师应在教育实践中加大教育力度，努力通过各种教育实践让幼儿成长为有责任心的孩子。

（二）经典教育活动案例

活动目标：

（1）激发幼儿的责任意识。

（2）逐步培养幼儿负责任的行为与习惯。

活动准备：

油画棒、画板。

活动过程：

活动一

角色游戏是幼儿非常喜欢的一项活动，为此某教师经常通过创设“娃娃家”“理发店”“商店”“娃娃餐厅”等游戏，培养幼儿的责任心。

在角色游戏之前，该教师会先和幼儿商量好游戏规则以及违反规则后的处罚办法。比如，游戏时选好角色后不能乱换，游戏时不能大声喧哗，不能四处乱跑，否则就停止游戏；违反规则需要接受处罚时，要自觉遵守处罚规则，不得逃避。

在角色游戏的过程中，幼儿扮演哪个角色就会模仿哪个角色的语言、口气、表情，并自觉履行该角色的职责。通过对角色职责的理解和操作，幼儿就潜移默化地培养了自己的责任心。

有一次，晓彬在“娃娃家”游戏中饰演“爸爸”，小薇饰演“孩子”。按照情境设计，“爸爸”是个教师。只见晓彬像教师一样，拿着书本认真给“学生”讲课，间或还要把捣乱的小朋友的思维拉回课堂……“夜深”了，看到“爸爸”晓彬下班回家，懂事的“孩子”小薇立刻走上前说：“爸爸，你上班辛苦了，坐下来休息一下。我给你倒杯水喝吧!”说着，她把拖鞋递给爸爸，然后又倒了杯水。

在角色游戏结束后，教师会评价游戏，对那些责任心强、遵守规则、履行角色职责认真、认真整理材料的幼儿进行表扬，并号召大家以他们为榜样，从而增强了其他幼儿的责任心。

在这样的小游戏中，幼儿们逐渐学会了关心人，学会了履行责任，培养了责任心。

活动二

看到妈妈来接了，溜溜随手把油画棒一扔就准备跟妈妈回家。浙江省杭州市桐庐县实验幼儿园的教师方灵利，一看溜溜的画颜色只涂了一点点，忙说：“溜溜画画可好了，要是画完就更好看了。”

可溜溜还是拉着妈妈的手不肯松开，丝毫没有过来把画画完的意思。见此情景，方老师只好让步：“那你把油画棒放好，好吗?”

谁知溜溜把脸贴着妈妈的手说：“妈妈放。”

“啊?”方老师和溜溜妈妈面面相觑，然后装做很伤心的样子说：“油画棒宝宝，是谁把你丢在这儿了，啊? 是溜溜不要你了? 你是不是想回家? 我送你回家好吗?”于是，方老师把油画棒一支一支地整理到盒内。

在一边的溜溜刚开始只是有些好奇地看，很快就学着方老师的样子收、放油画棒，然后高高兴兴地回家了。

过了几天，方老师又组织幼儿给小汽车涂颜色。溜溜妈妈来接时，溜溜又没有画好，而他又想跟妈妈先回去，不愿再画。

方老师一看，忙说：“悦悦奶奶也来接了，可悦悦却坚持把画画完。看，悦悦多能干啊!”(因为托班家长接得都比较早，有些家长来接时，小朋友们都没有画好)

悦悦奶奶听了，立刻会意，顺着方老师的话夸奖道：“悦悦是乖!”

方老师又走过去拉着溜溜的手说：“溜溜也画得好，也是个乖孩子!”

溜溜妈妈一听，也赶紧附和着说：“对，溜溜把画画完一定很好看。”

听老师和妈妈这么一说，溜溜又有了画画的动力，立刻回去完成了画。当他把画交给方老师时，方老师称赞他道：“溜溜画得真好!”然后，她又把上次溜溜没完成的画也拿了出来，让溜溜做对比，看哪一幅好看。

溜溜是个聪明孩子，立刻一把抢过那张没有完成的画涂了起来。结果，等溜溜画完，其他小朋友也都画完了，而他是最后一个回家的。

第二天，方老师把溜溜的两张画都贴在了画栏里，还表扬了他。那天，溜溜笑得很灿烂，而且以后溜溜再没出现过之前类似的事情。

（三）反思拓展

在幼儿园，一些教师经常这样抱怨："现在的孩子太缺乏责任心了，自己用的水杯放在哪儿总也记不住。""看到别人的东西掉在地上都不知道帮忙捡起来。""答应老师的事一会儿就忘到脑后去了。""犯了错误不仅不承认，还往其他小朋友身上推。"教师抱怨的不是什么"奇闻怪事"，而是确实在幼儿身上存在，且时常发生的。

那么，是什么导致幼儿缺乏责任心的？毋庸置疑，这绝不是天生的。责任心是人后天发展起来的一种品质，是人在与周围环境相互作用中，尤其是与他人交往中，通过亲身体验以及卓有成效的教育逐渐形成和发展起来的。显然，成人的影响在幼儿责任心的发展与培养中起着重要作用。

作为一名与幼儿有着密切关系的人，教师在培养幼儿责任心方面发挥着不可替代的作用。

1. 就地取材，随机培养

幼儿园的日常生活中蕴藏着许多培养幼儿责任心的契机，教师要充分利用这些教育资源，针对幼儿的一些不负责任的行为及时进行教育，使幼儿养成对自己的行为负责的好习惯。

比如，游戏完毕，教师要让幼儿自己收拾玩具。教师可以把收拾玩具当做游戏，热情地教幼儿如何整齐地把玩具摆放在玩具区，如"方块积木排在这儿""小汽车停在车库里""把洋娃娃送回她自己家里"……培养幼儿逐渐养成自觉收拾玩具的好习惯。

此外，教师还可以让大一点的幼儿学着自己叠被子、穿衣服、系鞋带等，让幼儿知道自己应该对自己的行为负责任，自己的事情应该自己做。

2. 榜样激励

（1）教师榜样。幼儿与教师每天朝夕相处，教师的言行举止无时无刻不在潜移默化地影响着幼儿。因此，教师必须时时处处表现出很强的责任心，用强烈的责任心直接影响幼儿。比如，美工活动后，看到垃圾桶外有碎纸屑，不管幼儿在不在，教师都应主动捡起来。如果有幼儿在场，教师可以顺势对其进行责任教育。其实，即便教师不教育，幼儿也会主动学教师的样子去捡的。时间一长，幼儿就在保持教室卫生方面有了责任心。

（2）同伴榜样。优秀的同伴也是幼儿学习的榜样。教师对责任心强的幼儿积极评价和鼓励，会激发其他幼儿向他学习的动机。

小丹责任心非常强，只要看到班里什么地方乱了、脏了，就会自觉地去收拾、整理。老师看见了，就会马上当着全班小朋友的面表扬她："你们看，小丹多关心班集体啊！不管我们班什么地方乱了、脏了，她都会自觉地把它收拾好。我们班如果多几个这样的小朋友，肯定天天很干净。"话未说完，其他小朋友就会马上跑过去和她一起抢着干。在她的榜样作用下，其他幼儿也慢慢自觉地关心起班集体来了，责任心都大大增强了。

3. 分配幼儿管理区

为了培养幼儿的责任心，教师可以把班里所有的空间平均划分，给每个幼儿分配一个责任区。比如，有的幼儿负责管理自然角，有的负责管理玩具，有的负责检查床铺等。

教师还可以通过每周轮流一次，让幼儿体验不同区域的不同责任。教师还应及时对幼儿一天的责任区管理情况进行讲评。对责任心强、管理得好的幼儿进行公开表扬，并在评比栏贴上小红花、小五星。

周五放假前，教师还应带领幼儿在评比栏前数谁得的小红花最多，然后将其评为本周的"责任明星"，并奖给他一份小礼物。小礼物必须是幼儿都想得到的。小礼物的具体内容，教师可以提前公布，也可以让幼儿提要求，这样能让想得到它的幼儿更加努力。

在此过程中，幼儿为了争得荣誉、得到教师的表扬，就会时刻关注自己的责任，并会尽心尽责。当责任区出现问题时，他会尽快进行处理。

这样，不仅幼儿的责任心大大增强，同时还实现了幼儿自己管理班级的目标，培养了幼儿的主人翁精神。

4. 引导幼儿学会关心他人

在教学活动中，教师可以通过多种形式，如游戏、儿歌、手工课、解说舞蹈等，介绍成人的劳动，让幼儿懂得父母的辛苦，知道父母和教师也会累，也需要他们的关爱。

比如，学习歌曲《我的好妈妈》时，某教师就通过讲解歌词内容，让幼儿知道妈妈上班很辛苦，我们要关心她；之后，她又让幼儿谈论妈妈的周末是怎么过的，让幼儿意识到妈妈为他的成长付出了很多，大家应感激妈妈。

教师还可以让幼儿观察教师的工作，让幼儿知道教师每天拖地、打水、打饭、哄他们睡觉等也是很辛苦的，要尊重教师的劳动，不随地扔纸屑，不浪费饭菜，听教师的话等。

5. 让幼儿承担不负责任的后果

受年龄以及生理、心理等因素的影响，幼儿或出于好奇，或出于顽皮的天性，或出于社会生活经验的缺乏，往往会因自己的不恰当行为而造成一定的不良后果，这是可以理解和原谅的。但事后，教师应和幼儿一起分析不良后果产生的原因、在此事件中幼儿本身的过错和应该承担的责任以及以后如何避免类似情况的发生等，从而使幼儿的过错行为成为强化幼儿责任心的契机。

有必要的话，教师要让幼儿承担不利后果，以强化幼儿的责任意识。

6. 培养幼儿的社会服务意识

是否有社会责任感是一个人能否获得他人和社会承认的重要因素。教师可以安排幼儿做些力所能及的社会工作，如大班的幼儿帮小班的弟弟妹妹穿衣服、系鞋带、叠被子等，让幼儿获得他人的肯定，另一方面这也可以使幼儿意识到自己所做工作的意义和价值，并从中得到乐趣，从而逐步树立对社会、对他人的责任感。

7. 与家长合作

对幼儿责任心的培养，教师单靠个人的力量是难以完成的，必须与家长联合起来，共同行动。

苏霍姆林斯基认为，任何幼儿园，哪怕是最理想的幼儿园，都不能取代父母对儿童的训练，也无法弥补父母的疏忽给孩子造成的精神伤害。所以，培养幼儿的责任心一定要家园同步，共同教育。

(1) 教师和家长要经常沟通。对幼儿在幼儿园里表现出的各种行为，教师要及时向家长汇报，家长也可以将幼儿在家中的某些行为表现向教师汇报和咨询，以取得更好的教育效果。这样，家长和教师才会对幼儿的心理、发展心中有数，使教育活动更协调、更有效。

(2) 教师和家长应该协同制订培养方案。教师应针对幼儿的特点及其家庭情况，制订一套符合该幼儿实际情况的培养方案，根据此方案对幼儿进行有的放矢的培养。

(3) 教师和家长在教育思想上应保持一致。如果教师和家长在对幼儿的教育上存在不一致，幼儿就会无所适从。所以，教师应经常与家长探讨适合幼儿发展的教育方式与方法，从而实现意见的一致。

随着教育改革的深入，幼儿教育为人的终身发展做准备的理念已深入人心。幼儿教育主题已经发展为让幼儿学会生活、学会生存、学会学习、学会做人。培养幼儿的责任心，让幼儿成为一个敢于承担责任的人，可以更好地为幼儿的人生奠定坚实的基础。托尔斯泰认为："一个人若是没有热情，他将一事无成，而热情的基点正是责任心。"可见，培养幼儿对事、对人持有正确、较强的责任心，可以为幼儿今后成功踏入社会奠定基础。

然而，责任心的培养是一项系统而复杂的工程，需要教师运用一定的策略和方法。所以，教师要在教育实践中多探索、研究，通过科学有效的教育方法把幼儿培养成富有责任心的人。

随机活动，培养幼儿尊重他人的品质

（一）培养幼儿尊重他人的品质的重要性

《幼儿园教育指导纲要（试行）》指出："在共同的生活和活动中，以多种方式引导幼儿认识、体验并理解基本的社会行为规范，学习自律和尊重他人。""与家庭、社区合作，引导幼儿了解自己的亲人以及与自己生活有关的各行各业人们的劳动，培养其对劳动者的热爱和对劳动成果的尊重。"

《幼儿园教育指导纲要（试行）》以全新的教育观念和思维方式为尊重教育注入了许多新的内涵，这对幼儿教育的观念更新和实践开拓极具指导意义。因为在物质文明快速发展的今天，培养幼儿尊重他人的品质尤为重要。人们极度关注幼儿的智力和能力，但缺少对幼儿进行尊重教育，因此造成当今幼儿普遍存在其他素质和智力都很好，但却不懂得尊重别人的状况。

比如，一些幼儿喜欢在教师说话时抢话，或者随意打断他人的话；一些幼儿看到别人玩的玩具是自己喜欢的，就直接抢过来，也不问对方是否愿意给自己，更不会等他人玩够了自己再玩……

像这些不会倾听别人说话、不愿意自己的需要被延迟的心理或行为都表明幼儿以自我为中心的倾向是比较严重的，是缺乏尊重他人的品质的表现。

哲学家威廉·詹姆士说过："潜藏在人们内心深处的最深层次的动力，是想被人承认、想受人尊重的欲望。"尊重他人，是幼儿必须具备的品德。

只有尊重他人的幼儿，才有可能正视他人的意见，才有可能接受他人的教育。

同时，尊重也是人际关系的起点。人与人之间的所有交往，都是建立在真诚与尊重的基础上的。人只有尊重他人，才是尊重自己，也才能赢得他人对自己的尊重。所以，对于幼儿园的小朋友，教师应尽快激发其尊重他人的意识，培养其尊重他人的品质，以帮助幼儿获得他人的尊重与支持。

（二）经典教育活动案例

活动目标：

（1）让幼儿明白尊重他人的内涵。

（2）逐渐培养幼儿尊重他人的意识及行为习惯。

活动准备：

扫把、玩具和话筒。

活动过程：

活动一

幼儿进餐时经常会出现这些情况：有的幼儿将饭菜洒落在地上，有的随手将啃完的骨头丢在地上，有的把不喜欢吃的菜扔到一边。每当此时，保育员阿姨就会默默地跟在他们后面打扫。

为此，教师曾多次对幼儿进行教育，可依然无济于事。后来，她想，这可能是因为幼儿们不知道劳动的辛苦的缘故。

一天，一个幼儿一边吃饭一边又随手把骨头丢到了地上。这回，教师没有立刻叫保育员阿姨来清扫，而是等幼儿们都吃完了饭，才把大家集中在一起。

教师还请来了保育员阿姨，与她一起开始清扫地面，让幼儿观察了打扫餐厅的整个过程。接着，她组织幼儿讨论："刚才，老师和阿姨打扫完餐厅了。大家看看跟没打扫前有什么变化？"

"干净了。"

"你们愿意在这个环境中玩还是在刚才那个环境中玩？"

"现在这个。"

“那我和阿姨跟刚才有什么不同吗?”

幼儿纷纷抢着说：“我看见阿姨头上出汗了。”“我看见老师累得直喘气。”

“老师和阿姨把教室扫干净，用了很长很长的时间。”一个幼儿说。

老师没有做点评，而是找了几个常常喜欢洒饭、丢骨头的幼儿试着用拖把拖地。这些孩子还没怎么干活，就连声叫起来：“老师，扫把太沉，我拿不动。”“老师，我扫不干净。”……

教师趁势问：“你们觉得老师和阿姨辛苦吗?”

幼儿齐声说：“辛苦。”

“那怎样才能不让老师和阿姨辛苦呢?”

幼儿们你一言我一语地说：“我再也不把饭洒在地上了。”“我要把骨头放到垃圾桶里去。”“如果地上有骨头，我就把它捡起来。”……

“小朋友们真棒！你们知道做错了事情要改正，同时也懂得了怎样尊重老师和阿姨的劳动成果，真好！你们都是好孩子!”

从此以后，餐厅明显比以前干净多了。保育员阿姨打扫起来也很轻松，她还经常在其他班夸这个班的孩子做得好。

活动二

区域活动时间，幼儿们都在各区角高兴地玩着。突然，小滔在建构区大声地喊：“老师，东东拿我的雪花片。”

东东是班上一个比较有性格的小男孩，平时对他人的意见总是不屑一顾，在游戏中也不肯好好地与人商量，总是固执己见，甚至还经常动用武力，搞得小朋友们都不喜欢他。

听到小滔的喊叫，老师走过去对东东说：“东东，把雪花片还给小滔，好吗?”

可东东却装做没听到似的。这时，小滔走过来，二话没说，一把抢走了东东手中的玩具……

东东一看玩具被抢走了，也不甘示弱，不顾老师在面前，直接冲上去，一把把小滔推了个跟头。

小滔爬起来就要打东东。老师急忙拉住了：“老师在这里，你们俩还敢打？小滔，刚才被东东推倒在地，你很疼吧?”

“是啊！所以我要报仇。”

“可是，为了一个玩具，你俩打成这样，双方都疼了，值得吗？”没等小滔回答，老师又招呼东东道：“东东，你是不是想像小滔那样被推倒在地？”

东东立刻摇头道：“我才不想呢！疼！”

“可是你既然知道疼，为什么还要为了一个玩具把小滔推倒在地？”

“他不给我玩嘛！他要给我了，我肯定不推他。”

“可是，老师看到是小滔先玩的。老师平时也说过，玩玩具要遵循先来后到的规则，要等其他小朋友不玩了再自己玩。”

“可是我好想玩。”

“那你可以先跟小滔商量一下啊。这是小滔先拿到的，他有优先玩的权利。小滔可以给你，也可以不给你，你要尊重他的意愿，懂吗？如果你特别想玩，可以同小滔商量，但不能将自己的意愿强加在别人头上。我想小滔应该会乐意给你玩的，或者你俩可以一起玩，对不对？那总比你们俩一人被推一个跟头好吧？”

东东想了一下，点了点头。

“是啊！如果他跟我商量，我也愿意让他先玩。因为以前东东也让过我，但是他抢我的，我就不高兴给他。”小滔说。

“好了。现在你们和好吧。以后，要想玩其他小朋友在玩的自己喜欢的玩具，就商量着来，或者一起玩，不要去抢。”说着，老师把其他小朋友召集过来说：“小朋友们，大家都看到刚才东东和小滔的事了。以后，我们不能这样了。因为按着自己的性子争抢他人的玩具，是不尊重他人的表现。没有人喜欢别人不尊重自己的。所以，大家要学着尊重他人的意见，玩游戏时要商量着来，不能争抢。大家明白了吗？”

“明白了。”

活动三

乐乐每次玩“小舞台”游戏时，总是一把抢过话筒，自己唱个没完，一点都不给他人表演的机会。

这天老师又组织“小舞台”游戏。为了让幼儿们都玩好，老师请小班长私下给大家传话：如果乐乐再抢话筒，就全部走掉，等老师说回来再回来。

果然，乐乐又抢走了话筒一人自己演唱。

老师一个眼神示意，“听众”们瞬间全部走掉。望着活动室内空无一人的情景，本来兴致勃勃的乐乐一下子变得索然无趣。

看到乐乐闷闷不乐的样子，老师走过去问：“乐乐，你知道大家为什么会都不听你唱歌了吗？”

乐乐不说话。

“你唱歌唱得好，小朋友们都知道。所以肯定不是你的歌声让他们受不了。”

“那是为什么啊？”

“老师觉得，可能是你总是抢话筒，不让其他小朋友唱。”

“可是我也想唱啊。”

“乐乐，话筒不是你一个人的，是全班小朋友的。你不让他们唱，不尊重他们，他们自然也会不尊重你，不好好对待你。这样，你自己也不会快乐。如果你把话筒让给其他小朋友，大家一起唱，大家就会乐意听你唱歌，这样不更好吗？比你一个人在这里唱，好多了吧？”

“真是这样吗？我把话筒让给大家，大家就会愿意听我唱歌吗？”

“是啊！老师保证。”

“好的！我和大家一起唱。”

等小朋友们都进来后，老师说：“一会儿我们一起唱。每个人唱一首，谁都不能总拿着话筒。大家说怎么样？”

“好的！”

那天，大家玩得很开心。

（三）反思拓展

马斯洛对尊重的需要做过一个阐述。他说：“除了少数病态的人之外，社会上所有的人都有一种对于他们的稳定的、牢固不变的、通常较高的评价的需要或欲望，有一种对于自尊、自重和来自他人的尊重的需要或欲望。”可见，尊重需要是社会中一切健康人所具有的一种心理需要。因此，培养尊重他人的品质就应成为教育的最基本内涵之一。

教师怎样通过幼儿园的一日活动中把幼儿培养成一个尊重他人的人呢？

1. 教育幼儿善于表达意愿

外国影视剧中，时常有这样的对话："我能帮你做些什么吗？""需要我帮忙吗？"这充分体现出他们即使帮助别人，也是充分尊重他人意愿的。所以教师一方面要鼓励幼儿去关心别人，帮助别人；另一方面要让幼儿懂得关心别人时，也应得到他人允许，了解他人的需求。只有互相了解，才能互相尊重。

幼儿年龄小，理解他人的能力有限，所以教师应积极引导或鼓励幼儿们在交往中学会表达自己的意愿，主动让别人了解自己的想法和做法，同时逐步学会用询问、商量和观察等方法去了解同伴的意愿和行为。比如，在活动中，教师可以引导幼儿思考、询问他人情感发生变化的原因："他为什么哭了？""为什么高兴了？""为什么害怕了？""什么事使他生气了？""我该怎么办？""是不是我让他不高兴了？"这样，让幼儿经常注意、理解别人的看法和见解，从而在表达自己的意愿时能有所注意，不会伤害到他人。

2. 教师要重视言传身教的意义

幼儿的判断能力还处于他律阶段，具有喜欢模仿和情绪不稳定等特点。而且，德育是一种养成教育，需要长期的耳濡目染。所以，在平时活动中，要培养幼儿的良好品质，教师不仅要进行言语说教，更应身体力行，要求幼儿做到的必须自己先做好，起到表率、榜样的作用。

比如，教师平时不能大声呵斥、用力拽拉、用手指点、讥笑幼儿等，以免伤害幼儿的自尊心，使幼儿产生自卑、压抑或对抗心理，不利于幼儿健康个性的形成。同时，这样也能减少幼儿"学习"不尊重他人言行的机会。

再如，在教育幼儿讲文明、讲礼貌时，教师首先要对幼儿有礼貌，幼儿向教师问好，教师也必须用亲切的语气回答"小朋友好"，甚至见到幼儿，教师可以先主动打招呼；遇见陌生人或参观的家长，教师应热情地与之交谈、打招呼，这会给幼儿树立良好的榜样，使幼儿在潜移默化中受到教育。

3. 抓住教育机会

一种品格的养成，不可能是一两天就培养出来的，要在日积月累中形成。在幼儿园的一日学习、生活中，教师时时刻刻都可以对幼儿进行尊重他人的教育。而事实上，每天都会发生一些事情，让教师可以利用、教育幼儿。比如，幼儿说脏话、争抢玩具、不爱惜粮食、发脾气撕书本时，教师可以及时对其进行教育，并告知其他幼儿“有则改之，无则加勉”。再如，幼儿有尊重他人的行为表现，如求人办事时，用恳请的语气；想玩其他小朋友的玩具时，用商量的语气……教师也可以趁机对幼儿进行尊重教育，表扬该幼儿并引导其他幼儿向他学习。

4. 教给幼儿尊重的技巧

教给幼儿尊重他人的意识的同时，教师还应教给他们一些技巧，让幼儿知道在具体的人与事面前怎样做才算真正尊重他人。

首先，教育幼儿要时刻给人留一点面子。“面子”，就是“自尊心”。教师要告诉幼儿，每个人都有自尊心，失去自尊是非常痛苦的事。所以在日常的生活、教育和游戏中，不要说一些伤害别人自尊的话，如不要说“你真笨”“你是个傻瓜”之类的话。

其次，教育幼儿允许他人表达自己的思想。教师要教育幼儿：当别人和自己的意见不同时，不要把自己的意见强加给对方；当别人在发表意见时，不要随意打断他，也不要随意起哄不让他把话说完，而应认真倾听，等对方把话说完后再表达自己的意见。

5. 家园教育一致

《幼儿园教育指导纲要（试行）》指出，家庭是幼儿园重要的合作伙伴。幼儿的主要生活范围是幼儿园和家庭。因此，培养幼儿尊重他人的品质需要家园共同努力，教师和家长密切配合。

然而，在当前的教育实践中教师和家长却存在着诸多不一致。比如，幼儿借用东西时，教师要求幼儿要征求他人意见或经他人同意后才可以拿来用，并且还要表示谢意；而一些家长却对孩子比较娇惯放纵，他们教幼儿在幼儿园想玩什么就拿什么，可以独占玩具，或者别人主动把玩具借给后，也不表示谢意。针对这些现象，教师可以通过“告家长书”“亲子活动”和以“尊重他人”为主题的开放教学活动等让家长了解教育的重要性，掌握适当的操作方法，使家长加入对幼儿的教育活动中。

西方谚语说：“你是别人的地狱，别人就是你的地狱；你是别人的天堂，别人就是你的天堂。”尊重他人就是尊重自己。只有尊重他人，才能获得他人的尊重。

每一个人都是有自尊心的。在日常的生活、游戏、教育当中，在与人交往中，幼儿也应尊重他人，尊重朋友。只有这样，他们才会健康地成长，他们才会在成长之路上获得更多帮助。所以，为了幼儿的健康成长，教师应在幼儿入园之初，就教育他们为人处世要把尊重他人放在第一位。

营造爱的氛围，培养幼儿的爱心

（一）培养幼儿爱心品质的重要性

在幼儿园一日生活中，经常可以看到这样的现象：

（1）自由活动时，蒙蒙坐在角落里哭。全班只有和她要好的玲玲跑过去问她为什么，而其他幼儿，只有两个跑去告诉了教师，其余的则是一部分人看了一眼但没什么反应，而剩下的连看都不看。

（2）早操后，幼儿们急匆匆地往教室跑。小飞一不小心摔倒了。只有他的好朋友小利和小刚跑过去扶他，其余幼儿不是继续往前跑，就是停下来哈哈大笑。

（3）画图画时，性格内向的凡凡没带彩色笔，只好看同桌的小朋友画。旁边没有一个幼儿主动问他怎么了。在教师的提醒下，只有四个小朋友愿意借笔给他。

（4）讲《有趣的动物》故事时，教师给大家带来了一只小乌龟。围观欣赏时，大鹏非但没有保护它，竟然还拿起它使劲往地板上摔，说“想看看它的壳能不能摔坏”。全班大部分幼儿看到乌龟在地上乱爬时都欢呼雀跃，没有一个主动把它捡起来，也没有人发出“乌龟会不会疼”的疑问……

以上现象都是幼儿爱心缺失的表现。那么，什么是爱心呢？爱心就是一种把人或事物常常放在心上加以重视和保护的心理。培养幼儿的爱心，就是指通过创设良好的生活和活动环境，引导幼儿关心身边的人、关注身边的事物，培养幼儿对家庭、对他人等关爱的品质。

冰心说："有了爱就有了一切。"爱是人类最伟大的情感，是所有高尚品质和美好道德的核心。幼儿正处于生理、心理发育的初期，对爱的感受也最自然、最丰富。所以教师如果用心教育、培养幼儿的爱心，幼儿很快就能将爱心的种子种在心中，这颗种子会生根、发芽、开花、结果。

（二）经典教育活动案例

活动目标：

（1）激发幼儿关爱他人的意识。

（2）逐渐培养幼儿关爱他人的品质。

活动准备：

故事书、贺卡。

活动过程：

活动一

灿灿是个性格内向的孩子。他的爸爸妈妈在家经常为一些小事情吵架甚至动手，灿灿看在眼里，日子久了，他变得非常胆小、忧郁。有时候，老师稍稍大声点对他说话，他都会吓得哭出来。

在幼儿园里，灿灿从来不主动和其他小朋友交流、玩耍，有时从摔倒的同伴旁边经过他也不会有任何反应。

看出了灿灿的问题后，老师赶紧联系了他的爸爸妈妈。经过几次交流，父母也感觉到了灿灿的变化，意识到了问题的严重性，非常后悔自己的行为，表示以后一定要顾及灿灿的感受。

在幼儿园里，老师号召其他小朋友多跟灿灿玩，希望他们在灿灿需要的时候多帮帮他。比如，灿灿忘记带笔了，就有小朋友主动借给他；灿灿吃饭不香了，老师就会问他是不是生病了；灿灿答题错了时，小朋友们也不会讥笑他……

经过一个多学期的努力，灿灿有了很大的进步，能主动和同伴、老师交流了，也渐渐地学会关心身边的一些事情了。儿童节这天，老师爬梯子挂彩带时，他还走过来，一边有模有样地扶着梯子，一边关心地说："老师，您小心点，我在下面帮您扶着就会好一点。”

虽然只是短短的一句话、一个小动作，却证明灿灿真的变了，已经学会关心他人了。

活动二

这天闭园时下起了大雨。老师灵机一动，趁机对幼儿们进行了爱心教育。她给孩子们讲了一个故事《大雨啊你慢点儿下》，故事里的小主人公非常惦记下班没到家的妈妈，担心她被雨淋到会生病。

听完这个故事，全班幼儿都很受感动。一些幼儿还说：“老师，我妈妈今天上班也没带雨伞，她如果赶着来接我，会不会被淋湿啊？如果感冒了怎么办？”

“是啊！我妈妈也没带伞。老师你打个电话告诉她晚点来接我吧！”

“对！也告诉我妈妈。我会乖乖地等她的。”

“那怎么行？老师今天上了一天课，多辛苦啊？怎么能闭园了还要她陪我们等妈妈。她家的小妹妹怎么办？”

老师没想到，一个即时的故事会给孩子们带来那么大的触动，就高兴地说：“老师陪你们等。老师也没带伞。小妹妹有奶奶照顾，没事儿的。”

那天，孩子们特别乖。

此后，每逢阴天下雨，幼儿们都会主动提醒爸妈带雨具。如果是他们在幼儿园时忽然下雨，他们的表情便会发生微妙的变化，有的幼儿会焦急地注视窗外，说：“家里的伞坏了，妈妈就没带。这下会不会生病呢？”还有的说：“老师，您带伞了吗？如果没有，也不用着急，我让爸爸送您回家！”

活动三

这天，小莉又迟到了。老师问她原因。她说：“还不是我妈妈不好。昨天晚上睡觉那么晚，早晨又起不来。”

“那你妈妈是因为看电视很晚才睡而起不来吗？”

“不是，她说她加班了。”

“妈妈辛苦加班，不也是为了你过上好日子吗？你看看你的漂亮衣服、毛绒玩具，不都是你妈妈辛苦工作赚来的吗？如果她不辛苦工作，你能拥有它们吗？”

小莉没有说话。

正好过几天就到母亲节了，老师提前通知妈妈们把自己的工作情况拍一段视频，等那天播放给孩子们看。

到了那天，看着妈妈们辛苦工作的视频，听着妈妈们的解说，幼儿们的眼睛都红了。因为一些妈妈不仅工作辛苦，还要工作到很晚，累得腰酸腿疼的，很不容易。

小莉说："我一直以为妈妈上班跟我上幼儿园一样整天就是做游戏呢！没想到她那么辛苦。我以后再也不惹妈妈生气了。"

其他小朋友也表示以后要做个乖宝宝，不给妈妈添麻烦。

老师说："昨天，老师不是让大家做了一些贺卡么？今天是母亲节，你们最想献给谁？最想跟妈妈说什么？"

"当然是给妈妈啦。她不仅工作赚钱，还要每天给我做饭、讲故事、陪我聊天。妈妈真伟大。"

"对！给妈妈。我妈妈是世界上最好的妈妈。"

……

当幼儿们把自己做的贺卡双手捧着交给妈妈，嘴里说着"妈妈节日快乐"时，妈妈们都激动地哭了。

（三）反思拓展

随着经济的发展、生活条件的改善，家长们对孩子有求必应，从来不说一个"不"字。在这样特殊的家庭教育下，一些幼儿无意中形成了以自我为中心、只知索取不懂付出的心理倾向，从而使教育出现了一种病态：在为幼儿付出大量爱的同时却忽略了幼儿最需要的——学会爱！学会如何去爱自己的父母、教师，爱所有关心自己的人。因此，让幼儿拥有一颗爱心，对幼儿进行爱心教育迫在眉睫。

在进入小学前，幼儿园教育是家庭教育失误的最好补正。教师必须在幼儿园加强对幼儿进行爱心教育，并建议家长改进家庭教育的方式，将爱心教育渗入日常教育、生活中，家园共同努力，把幼儿培养成有爱心的人。

1. 在日常生活中培养幼儿的爱心

（1）让幼儿经常感受爱的存在。要让幼儿拥有一颗爱心，学会关爱他人，首先要让他们感受到爱的存在。幼儿一天中在幼儿园的时间比较长，和教师接触的时间也比较多，所以让他们感受爱，首先应让他们感受到来自教师的关爱，让他们在教师的言传身教中学习如何关爱他人。

比如，早晨接幼儿进园时，教师可以提前在门口热情地和幼儿打招呼问好，摸摸幼儿的头，拉拉幼儿的手，欢迎他们到来；休息时，教师可以找幼儿谈心，对特别的幼儿给予特别的关爱；午睡时，教师要随时记得给踢掉被子的幼儿轻轻盖好被子；幼儿生病时，教师要记得随时摸摸幼儿的头，看看他好没好；离园时，教师要主动和幼儿说再见，让幼儿深深地体会到教师的爱。

教师还可以将每周一天固定地定为分享日、关爱日，让幼儿在这一天从家里把自己喜欢的玩具带到幼儿园与同伴分享，让幼儿自己想想如何去关心、帮助自己的小伙伴。

久而久之，幼儿就会在享受别人爱的同时，慢慢学会主动给予别人爱。

（2）引导幼儿学着付出爱。生活中有许多琐碎小事，看来虽然微不足道，却会对幼儿的成长产生很重要的影响。所以给幼儿关爱的同时，教师还要善做有心人，抓住每一个教育契机，因势利导，从一点一滴做起，随时随地耐心地、不失时机地教育幼儿要有爱心，激发幼儿爱的情感。

比如，看到幼儿扶起跌倒的小朋友，帮别人卷衣袖、系鞋带、递书本时，教师都要及时表扬，并教育其他幼儿要以他为榜样，看到他人有困难，就主动去帮助。

再如，一些地区发生灾害后，教师可以让幼儿了解一些发生在灾区的感人故事，引导幼儿感受灾难来临时人们的众志成城，让幼儿懂得人与人之间要互相关心、互相帮助，要学会和大家一起分担困难、分享快乐，让他们知道只有这样，灾难带来的痛苦才能减轻。

此外，教师还可以引导幼儿学会主动关心、帮助他人，积极参加园内组织的献爱心活动，捐出自己的零用钱、压岁钱或制作小礼物给需要帮助的人，感受关心、帮助他人的快乐。

2. 培养幼儿的移情能力

对别人表达爱心，需要具备一种设身处地为他人着想、换位思考的能力，这就是移情能力。让幼儿把自己痛苦时的感受与别人在同样的情境下的体验进行对比，联系自己的痛楚，体会别人的心情，可以使幼儿学会理解别人，学会移情。比如，当看到其他幼儿生病、疼痛时，教师可以让幼儿结合自己的疼痛经验来体会、感受他人的痛苦，从而为他人提供力所能及的物质或精神上的帮助。如看到有幼儿摔倒了，教师可以启发幼儿："想想你摔倒时是不是很疼？他一定也很难受，快去扶起他，帮他擦擦脸，叫他不要哭。"

通过移情，幼儿能逐渐学会关心他人，替他人着想。通过这种方式对幼儿进行爱心教育，常常能取得很好的效果。

另外，"拟人化"也是一种通过培养移情能力来培养幼儿爱心品质的有效方法。生活中，教师可以引导幼儿把活动中的物和他自己联系起来，不失时机地将物拟化成人，这样关爱他人的教育就落到了实处。比如，看到幼儿追打小猫时，教师可以说："你打小猫，就像其他小朋友打你一样，得多疼啊！它以后就不会和你做朋友了。"看到幼儿攀折小树，教师可以说："你折小树，就像其他小朋友使劲扯你的头发一样，多疼啊！"当一树一草、一花一木在幼儿心中都成了有生命的，又何愁他们不将自己的那份爱心献给它们呢？

3. 在教育活动中培养幼儿的爱心

和其他品德、行为习惯的培养一样，幼儿爱心的培养也应寓教于生活中。在教育活动过程中，教师可以利用文学、美术和情境表演等手段，对幼儿进行爱心培养，使幼儿的心灵在美和情的熏陶下，一点点地增加爱的因子。

（1）充分利用教育资源。幼儿园的教育资源不乏包含"爱心"的素材，教师大可充分予以利用。比如，《萝卜回来了》的故事是让幼儿感受朋友间的真挚友谊，教师可以通过活动让幼儿知道、了解朋友间的爱，请幼儿说说自己在现实生活中是怎样得到朋友的关心的，而自己又是怎样关心朋友的。进行这样的教育活动不能仅仅停留在故事内容上，更重要的是让幼儿感受分享的快乐，学会关心他人和感激关心过自己的人。所以，讲解时除了让幼儿理解故事内容，还应让他们对其中的情感有所体会。

（2）在游戏中体验“爱心”。游戏是幼儿在幼儿园一日活动的主要内容，是教育的重要手段。教师可以运用幼儿游戏的自主自愿特点，将爱心教育贯穿于游戏中，诱导幼儿在活动中学习、在娱乐中体验“爱心”。比如，教师可以请幼儿在“娃娃家”中扮演爸爸妈妈的角色，让他们感受照顾别人是多么不容易以及被人照顾是多么幸福。

（3）把大自然作为活教材。幼儿的天性喜爱大自然，大自然能给他们真、善、美的感受。所以，教师可以借助春游、秋游的机会，带幼儿深入大自然，看看花草，感受春天的温暖和秋天的果香，让幼儿体验“谁知盘中餐，粒粒皆辛苦”的内涵。

尽管这种爱的情感是初级的，但却能随着幼儿年龄的增长逐步升华为对家乡、对祖国和对人民的更深沉的爱。

4. 给幼儿创设关爱他人的环境

陈鹤琴说：“怎样的环境就得到怎样的刺激，得到怎样的印象。”因此，教师可以在环境创设上，有意识地给幼儿选择一些以关爱他人为主题的内容，让幼儿在环境的熏陶中激发关爱他人的意识。

比如，教师可以在教室里设置一个“自然角”，让幼儿们养一些小动物或花草。关心动物和花草可以激起幼儿的爱心。养小动物或花草期间，教师可以向幼儿进行“动物是人类的好朋友”的教育，让幼儿感受小动物的可爱之处，体验付出爱心的喜悦。此外，教师还可以给幼儿做示范，以温柔的口吻、轻柔的动作和耐心的态度，与小动物或花草交流、照顾它们，以此感染幼儿，让幼儿感受到教师对小动物或花草的爱，从而激发幼儿的爱心，激发幼儿学着将教师关爱小动物或花草的行为转换成自己的行为。

5. 学会接受幼儿的爱

有人说：“孩子的爱心是稚嫩的，你在乎它，它就会长大；你忽视它，它就会枯萎；你打击它，它就会死去。如果你想拥有一个富有爱心的孩子，那就请你在生活中培养它、呵护它吧。”一些教师已经习惯了对幼儿付出，而在面对幼儿的爱的付出时，往往会因为心疼幼儿而做出“拒绝”的行为。殊不知，这样做不仅不能让幼儿感受到疼爱，还会伤害他们表达爱的积极性。

所以，教师应谨慎、小心地保护幼儿最初的爱心。之所以说是“最初的爱心”，是因为幼儿表达爱的主动性还非常脆弱，很容易因成年人的拒绝而退缩，变得不敢或不知如何再主动表达爱，甚至不愿再主动表达爱。为了避免出现这些状况，当幼儿主动表达爱时，教师要欣然接受，让幼儿的爱心有机会得到表达。

有时候，由于工作忙或其他原因，教师对幼儿表现出来的爱心或视而不见，或训斥一番，结果把幼儿的爱心扼杀在了萌芽中。如一个幼儿看老师不高兴，就把自己嘴里咬着的苹果顺手递给了老师，老师却说：“你自己吃吧！”幼儿非常失望。其实教师的做法是不妥的，她爱孩子，孩子也爱她，所以才请她吃苹果的。可是幼儿拥有了她的爱，而她却没有接受孩子的爱。也许就在这爱的拒绝中，她遏制了幼儿爱的萌动，让幼儿认为教师不需要他们的爱。

爱是一种双向的情感交流，在接受爱的同时，幼儿也希望学着教师的样子去爱别人，从而得到情感上的满足。所以，当幼儿表达爱时，教师一定要接受，并予以鼓励，让幼儿更积极、热情地去表达爱。

6. 家园一致，共育幼儿的爱心

家园密切合作、步调一致的教育，往往能取得更好的效果，但生活中却存在一些教育盲区，如一些家长在爱心教育的理念上存在偏差，认为教孩子帮别人、爱他人就是教孩子“学傻”，会使孩子走上社会后“吃亏”，还有些家长通过自身的行动向孩子做出了错误甚至恶劣的示范。

关爱他人的教育对幼儿十分重要，因为幼儿只有拥有关爱他人的能力才能形成健康的人格。所以，教师要将德育大课堂延伸到丰富多彩的家庭生活、社会生活中去，让幼儿从实践中接受道德教育，体验到关爱他人的幸福感。比如，父母生病了，让幼儿倒杯水喝药；父母上班累了，让孩子递双拖鞋；让孩子在外边玩时照顾比自己小的伙伴；让孩子把玩具借给喜欢它的小伙伴……这些生活中的点滴小事，都能反复加深幼儿的印象，让他们明白帮助别人给被帮助者和自己都能带来快乐。

小树成长需要阳光和雨露的滋润，幼儿心中的爱的培养也一样需要教师的熏陶和教育。教师必须持之以恒、有意识地对幼儿进行爱的情感教育，从点滴小事做起，培养幼儿心中爱的种子，让幼儿在接受爱的同时懂得爱的珍贵，进而去学着回馈所有爱他的人，真正拥有一份爱的情感，成为懂得爱、珍惜爱、有爱心的人格健全的人。

家园合作，培养幼儿的诚信品质

（一）培养幼儿诚信品质的重要性

诚信是中华民族优良的传统道德。

孟子说："诚者，天之道也；思诚者，人之道也。"

孔子说："言必信，行必果。""人而无信，不知其可也。"

为人以诚，待人守信，是人的内在品质和精神要求，是社会对人的必然要求，是个人获得社会认可的前提条件。

良好的个人品质是从娃娃抓起的，诚信品质也应从幼儿时期抓起。然而，一些幼儿却因对自己所犯过失的严重性看得过高或畏惧感太强，担心遭到家长或教师的严厉责怪，或是非观念不强，而选择了撒谎，或做出其他一些不诚信行为。比如，明明是自己赖床迟到了，却跟老师说妈妈没有叫他起床；明明是妈妈帮着做的手工，却跟老师说是自己独立完成的；明明是自己把小朋友撞倒的，却因怕老师责怪，硬说是小朋友不小心自己跌倒的……

虽然幼儿的不诚信行为都是很小的事，不会带来严重后果，但是如果这种不讲诚信的思想与行为长期得不到纠正，幼儿就会认为这种行为是正常的、没有问题的，从而在以后的学习、生活甚至工作中继续不诚信，到那时，出现了严重的后果，就悔之晚矣。

幼儿的思想意识尚未定型，可塑性很强，容易受到外界的影响。正如俗话所说的"近朱者赤，近墨者黑"，很需要教师和家长进行耐心引导、精心培养，及时帮助幼儿树立正确的诚信观与是非观。

（二）经典教育活动案例

活动目标：

（1）激发幼儿的诚信意识。

（2）逐步培养幼儿讲诚信的行为与习惯。

活动准备：

图书、玩具汽车和圆珠笔。

活动过程：

活动一

在阅览室，当老师交代完阅览事项后，幼儿们都兴奋地涌向了各种各样的图书，高兴地读起来。

突然，一阵争吵声引起了大家的注意，原来是彬彬和小依在争抢一本书。

“彬彬，怎么回事啊?”老师问道。

“老师，小依抢我的书!”他“委屈”地说。

“真的吗? 老师可不喜欢说谎的孩子哦!”老师意味深长地看着他，希望他能说真话。因为彬彬在班里很强势，其他小朋友根本就不敢惹他，而胆小怕事的小依就更不敢了。

彬彬好像知道老师已知道了真相，就不吭声了。片刻之后，他说：“老师，我下次再也不这样了!”

彬彬之所以那么快承认错误，是因为老师总是教育班上的幼儿如果做错了事情，只要肯承认，知错能改，老师就会特别表扬。所以当老师“意味深长”地看着他时，他就明白了老师的意思：如果说谎的话，比做错事还会让老师生气，于是就不吭声了。

这位老师从幼儿入园第一天起就教育他们做人要诚实。在小班时，每当有幼儿做错事了，老师总是让他先自己“申辩”。如果他说谎了，老师就会当着所有小朋友的面批评他，而当他知错能改，勇于认错时，老师又会在大家面前大力表扬，甚至给予物质奖励。

就这样，经过一天天的积累与教育，该班的幼儿基本上都养成了诚实的好品质。尽管还有个别的幼儿耍赖，但只要教师稍加提醒，很快就能认识到错误，并予以改正。

活动二

早晨，妈妈刚走，小亮就从包里掏出一个玩具汽车，跟小朋友们显摆起来，说："我的车漂亮吧！这是我妈妈买给我的生日礼物。"说着，他就打开遥控器开关，让小汽车在室内行驶起来。

其他幼儿一看，立刻围聚到一起，兴奋地看着小汽车在桌子下自如地钻来钻去。

看到小伙伴们羡慕的样子，小亮得意极了。那天上午只要是自由活动，他都拿出小汽车来带着大家玩。

快到中午的时候，小亮妈妈打来电话问老师小亮是不是带来了一辆小汽车。

老师说是的。

"这个臭小子，敢偷人家的车，看我晚上修理他。"小亮妈妈气愤极了。

原来这车是小亮从隔壁好朋友毛毛家拿来的，而毛毛不知道。今天上幼儿园时，毛毛想玩，突然发现车不见了，就跟妈妈说了。毛毛妈妈想到昨天只有小亮去他家玩了，就问了小亮妈妈。

"小亮说是你送他的礼物。我们都以为是真的呢！"

"嘿！这孩子还撒谎。"小亮妈妈更生气了。

"小亮妈妈，你别生气。他可能是真的很喜欢那车，想跟你要，怕不给买才撒谎的。请你好好想想，你是不是说过送他小汽车做生日礼物呢？"

"啊？生日礼物？好像是有这么回事儿！"一听"生日礼物"，小亮妈妈恍然大悟。

"既然你说过，就给小亮买一个吧！今天的事情，我会跟小亮好好说的。"

放下电话，老师就把小亮叫过来，问："小亮啊，你妈妈说要给你买辆小汽车做生日礼物，她一定会做到的，你手里的这个，还给毛毛吧！"

"老师，我错了！我以为妈妈说话不算话，才偷拿毛毛的汽车的。既然妈妈说话算话，我晚上回去就还给毛毛，向他道歉，也向妈妈道歉。"

"乖！老师知道你是个好孩子。"

第二天，小亮妈妈说小亮回去就主动还了毛毛的小汽车，还道歉了，并跟她保证以后再也不偷拿人家的东西了。

活动三

悠悠是个性格内向的孩子。最近，有几个幼儿反映，说她偷他们的笔了，但是，老师私下询问她时，她就是不承认，还跟老师发誓，说是自己捡的。

“捡的？肯定不可能。怎么可能隔三差五地捡呢？”老师心里想，但是看到悠悠那一脸坚决的样子，她想可能其中有什么内情，于是就抽时间给悠悠妈妈打了个电话。

原来悠悠家经济条件较差，买不起那么漂亮的笔，只能买普通笔。

听完悠悠妈妈的解释，老师找到悠悠说：“悠悠，老师知道你是因为特别喜欢那些漂亮的笔才未经人家同意就拿来用的。可是，你那样做是不对的。你想想，如果你自己喜欢的东西未经同意被其他小朋友拿走是什么心情？我想，现在笔的主人肯定会很伤心。如果那样，恐怕大家都不敢把漂亮的笔啊玩具啊带到幼儿园来了，也不会把你当好朋友，和你一起玩了。那样的话，你会快乐吗？”

悠悠不说话。

“其实，只要你跟其他小朋友一样做个好孩子，大家会把笔借给你的，也会把好玩的玩具分给你玩的，你会有很多好朋友，会玩得很开心。”老师继续说道。

悠悠一边听一边表现出若有所思的样子。终于，她抬起头来，眼睛红红地说：“老师，对不起。我是拿了他们的笔，也没想过问他们同意不同意，我以后再也不这样了，我马上把笔还给他们去。”

老师拍了拍悠悠的肩说：“好孩子，老师跟你一起去。”

还笔的时候，老师没有说是悠悠偷的，而是说悠悠喜欢那些笔，担心大家不借，才借来用几天就还的。老师还说：“现在悠悠已经明白了。大家都是乐于助人的好孩子，肯定会主动借笔给她的。她跟大家道歉。大家会原谅她，同时也乐意把笔借给她，对不对？”

幼儿们爽快地回答：“对。”

看到小伙伴和老师对自己这样好，悠悠哭了。

（三）反思拓展

诚信是道德品质的核心，是与人交往的准则，是一个人素质结构的基本元素。幼儿时期是人的道德意识、道德观念形成的启蒙时期，是一个人的人生观、世界观、价值观形成的起始阶段，是构建诚信品质的奠基时期，教师应抓好这一关键时期，对幼儿进行有效的诚信品质教育，帮助他们将诚信品质内化为自己个人素质结构的一部分。

1. 从家庭入手，培养幼儿的诚信品质

（1）家长给幼儿做出好榜样。苏霍姆林斯基曾说："父母自身的行为对孩子有重大影响。不要认为只有你们同孩子谈话、教导孩子和吩咐孩子的时候才是教育孩子。在你们生活的每一瞬间甚至当你们不在家的时候，都是在教育孩子。你们怎样穿衣，怎样跟别人说话，怎样表示欢欣和不快，怎样对待朋友和仇敌，怎样笑，怎样读报……所有这一切，对孩子都有很大的教育意义。"

家庭中的诚信教育是在有意和无意、计划和无计划以及自觉和不自觉中进行的，不管以何种方式、在什么时间进行教育，都是家长以自身的言行随时随地地教育、影响孩子。

然而，经常会有这样的情况发生：一些家长送孩子上幼儿园时，为了让孩子不哭，主动提出给买玩具、晚上来接或请吃大餐等，可是事实上家长并没有全部做到答应孩子的事。长此以往，家长的这种做法必然会对幼儿的诚信品质的培养与发展产生很大的负面影响。

所以，教师应建议家长不要轻易对幼儿许诺，答应幼儿的事情一定要做到，绝不能食言。

（2）多交流，用情感影响幼儿。孩子与父母朝夕相处，所以家长对幼儿的诚信状况摸得最透，也更能及时有效地针对幼儿自身的弱点，从实际出发，进行个别教育。所以，教师要建议家长多与孩子沟通，及时掌握幼儿的心理状态，洞察他们不诚信背后的深层原因，及时予以教育，及时纠偏，将幼儿的不诚信行为及早消灭在萌芽状态中。

心理学认为，人与人之间的感情越亲密，相互之间的情感的感染性越强，感化作用也越大。父母和孩子由于特殊的血缘关系，往往更容易产生情感共鸣，孩子对家长的言行教诲也更容易听从和信服。所以，教师要建议家长多与孩子交流，用情感引导幼儿纠正自身的不诚信行为，使幼儿消除不诚信思想。

（3）教给家长处理幼儿不诚信行为的方法。一些家长发现孩子不诚信，就立刻变得很急躁，甚至打骂孩子。这使得孩子非常害怕，做错了事不敢告诉家长，甚至还撒谎、找借口为自己辩解。比如，一个幼儿拿了小伙伴的玩具，回家跟妈妈说是老师的奖励。幼儿的这种不诚信行为是很容易被家长识破的，但识破后怎么处理呢？一些家长往往很生气，或打或骂孩子一顿，逼着孩子把玩具送回去，而很少反省孩子做出这种不诚信行为的深层原因，也很少联想到这种行为与家长自身有何关系。

对此，教师应给家长提一些建议，教给他们一些更好的处理方法，让家长从幼儿和自己身上或者其他方面寻找孩子不诚信的原因，而不能只抓住孩子不放。比如，是不是家长对孩子期望太高而他们达不到，或家长是不是许诺了孩子而没有实践诺言……

教师要引导家长审视自己的教育方法，是不是过于强硬，而很少进入幼儿心灵，是不是应该站在幼儿的立场进行换位思考……教师应建议家长通过柔性的处理方法，摆事实、讲道理，引导幼儿认识到不诚信的危害，自觉改正错误。

2. 树立正面形象

《新三字经》云：“人之初，如玉璞。性与情，俱可塑。”“教之道，德为先。”幼儿的心灵是纯洁无瑕的。坚持正面教育，树立正面典型形象，可以让幼儿学有方向，学有榜样，逐渐陶冶出美好、诚实的性情。

培养幼儿诚实品质的教育手段有很多，如讲故事、看图讲述、音乐熏陶等。教师对幼儿进行正面教育和引导时，要注意经常性和持续性，要注意以身作则、言传身教。

（1）讲故事。幼儿大都爱听故事，教师可以在组织幼儿一日活动时，通过给幼儿讲故事和请幼儿表演故事，塑造美好心灵，培养诚信品质。比如，老师给幼儿讲《狼来了》的故事时，可以在讲完故事后让他们讨论“做个诚实的孩子好不好”“撒谎有什么害处”。教师还可以讲一些拾金不昧的好人好事及表现英雄模范人物儿时的良好品德的故事，让幼儿耳濡目染，逐渐形成诚信品质。

（2）音乐熏陶。幼儿爱唱、爱跳，且模仿能力强，教师可以用健康的歌词、动听的乐曲，陶冶幼儿的诚信品格。比如，教师可以教幼儿唱及表演《一分钱》等儿歌，让幼儿学有方向，明白一些事理。

（3）教师或班级典型的表率作用。榜样的力量是无穷的。教师的一言一行、一举一动，都是幼儿模仿的对象。教师的形象在幼儿心中是神圣的。所以，教师不但要言传更要身教。只有教师形成了良好教风，良好的班风才有可能形成。所以培养幼儿的诚信品质需要教师倾注大量的心血，需要教师严格要求自己，时刻审视自己是否有不诚信的言行举止，是否对幼儿不诚信的言行举止有过迁就。

每一个班都会有严守诚信、不撒谎、不失信于人的幼儿，教师可以将他们树为典型，对他们的言行予以赞扬并推广，让其他幼儿看到诚信带来的好处，从而生发出做诚信的好孩子的心理。

3. 用规则要求幼儿讲诚信

诚信是一种在与人交往时表现出来的良好品质，不是一事一时就能养成的，而应在日常生活中慢慢培养，在具体活动中学习、练习而形成。

对此，教师可以在班级中制订一套行为规则，使幼儿反复练习，形成习惯，从而养成诚信品质。如教师可以规定不诚信将会受到何种处罚，并严厉执行；或者规定做出诚信行为将受到何种奖励。当幼儿自我估算出不诚信所付出的沉重代价时，就会在做出不诚信行为之前，进行一番思索、衡量，从而放弃不诚信的行为。同时，这也可以让幼儿及时醒悟、悔过、认错。

4. 用欣赏激励幼儿讲诚信

“罗森塔尔效应”表明，信任和期待能激发幼儿的智慧和潜能。抓住幼儿的闪光点予以称赞，往往更能触动他们的心灵，使他们树立自信心。幼儿年龄虽然小，却总希望别人对自己的言行举止作出评价，尤其是正面的评价。所以，教师对幼儿的每一个微小的进步都要加以鼓励，以激发幼儿的上进心。例如，当幼儿喝水不小心打破了杯子，主动承认是自己没拿好时，教师就应及时给予表扬，让全班幼儿明白只要说出事实真相，不撒谎，就值得鼓励，在老师心中就是好孩子。

培养幼儿的诚信品质，对幼儿进行诚信教育，一方面需要教师和家长的共同努力，另一方面更要靠幼儿在内心深处树立诚信意识，主动由“他律”走向“自律”，这才真正达到了教育的目的。对此，教师一定要从幼儿内心入手，帮助幼儿在内心深处树立诚信意识。

引导幼儿正确竞争，消除幼儿的嫉妒心

（一）消除幼儿嫉妒心的重要性

嫉妒是幼儿在与他人交往的过程中呈现出来的一种不良心理，是一种有害的情感，无论是对嫉妒者还是对被嫉妒者来说，“嫉妒是一条啃噬心灵的毒蛇”，对双方都会造成一定的心理和身体伤害。

生活中，幼儿嫉妒的范围很广，表现形式也多种多样，归纳起来主要有以下几种情形。

1. 不能容忍身边亲近的大人疼爱别的幼儿

幼儿最初的嫉妒总是与自己的爸爸妈妈等身边亲近的人有关。当大人们疼爱别的幼儿时，他们往往会表现出不满、哭闹、反叛等，有的甚至会故意做出比自己实际年龄更幼稚的行为，以期引起大人们的注意。

2. 对获得自己父母或教师表扬的其他幼儿怀有敌对情绪

当别的幼儿受到了家长、教师表扬时，幼儿往往表现得不高兴、不服气，认为自己不比受表扬的幼儿差，有的还会当面揭发受表扬幼儿的缺点或不足之处，哪怕这些事与此根本无关。

3. 排斥比自己拥有更多玩具、用品、零食而又不和自己共享的伙伴

一般情况下，幼儿都很喜爱和拥有很多玩具、用品、零食的同伴在一

起玩，因为他们可以从中得到益处，但当那些同伴不将自己的东西与他们分享时，他们往往就会表现出嫉妒情绪，如损害同伴的玩具、孤立同伴等。

嫉妒心是一种不良的心理，一位名人曾说过："嫉妒是诸恶德里面最大的恶德。"嫉妒心是幼儿学习与生活中的蛀虫，是破坏幼儿间友谊与团结的腐蚀剂，危害极大。具体来说，幼儿嫉妒有以下几点危害。

1. 不利于学习进步

本来，在幼儿园中努力学习、勇于冒尖、敢当先进是幼儿的一种优良心理品质，但由于遭人嫉妒，被人百般挑剔、极力贬低，一些幼儿不敢在集体中冒尖。

2. 危害身心健康

巴尔扎克说过："嫉妒者比任何不幸的人更为痛苦，因为别人的幸福和他自己的不幸，都将使他痛苦万分。"嫉妒心强的幼儿由于不能正确对待别人的进步与成绩，错误地认为别人的进步就是对自己的贬低，于是心理上自然产生一种痛苦的体验。嫉妒会潜移默化地磨灭幼儿奋发向上的锐气。倘若一名幼儿长期处在嫉妒的心境之中，那么他会在内心深处产生一种压抑感，给自己造成莫大的痛苦。经常嫉妒别人的幼儿，会把大好时光花在对别人优势的贬低上，将自己的苦恼维系在别人的成绩上，结果将自己原有的斗志也消磨殆尽了，换回的只是无穷的烦恼和痛苦。

此外，嫉妒心不仅给幼儿造成痛苦与心理失重，同时也会给被嫉妒者造成一定的打击。

3. 恶化与同伴的关系

有嫉妒心理的幼儿内心经常处于紧张焦虑状态，不仅影响学业，影响身体健康，更会影响其健康人格的发展。嫉妒会使幼儿心胸狭窄，目光短浅，时间久了，会恶化与其他幼儿之间的关系。嫉妒的突出表现就是中伤别人，损害别人的自尊心，打击别人的进步，而这些都不利于幼儿之间的正常交往。幼儿的嫉妒情绪在特定的条件下会以各种消极的情绪、情感和有害的行为表现出来，并外化为种种不良行为，甚至造成一些无可挽回、令人痛心的局面。

嫉妒是一种破坏性因素，它对幼儿各方面的健康成长都会产生消极的影响。如果幼儿长期处于这种消极不良的心理体验之中，可能会导致器官功能减弱，机体协调出现障碍，而这种障碍又会加剧幼儿不良的心理体验，使幼儿产生诸如忧愁、怀疑、自卑等不良情绪，从而形成恶性循环，造成不同程度的身心损伤。

嫉妒还会影响幼儿对事物进行正确客观的认识，容易使幼儿产生偏见，产生怨天尤人的思想，最终抑制幼儿社会性的发展。因此，教师应以爱心和耐心，通过鼓励和赞扬驱走幼儿的嫉妒心，让幼儿养成欣赏、学习别人优秀之处的品质。

（二）经典教育活动案例

活动目标：

（1）认清并有效克服嫉妒心理。

（2）让幼儿减少嫉妒心，做个身心健康的好孩子。

活动准备：

录音机和故事带。

活动过程：

早晨一入利津县第二实验幼儿园，硕硕就拉着魏宁老师的手悄悄对她说："魏老师，今天我不想和璇璇挨着。"

魏老师一听就问："为什么呀？你们不是很好的朋友吗？"

这时硕硕妈妈有点为难地说："璇璇老拿小刀割硕硕的书包，现在已经是第三个了，今天的新书包不能再让她割了。"

魏老师惊奇地看向璇璇，这个活泼爱动有点像男孩子的女孩，竟然已经割破了她最好朋友的两个书包，而她现在正眉飞色舞地向小朋友炫耀自己有多么漂亮的小本子。

上午是美术教育活动，主要是涂色练习，小朋友们很快掌握了涂色要领："上下上下，左右左右，不能出线。"

璇璇喜欢东张西望，画得比较慢，坐在她前面的小雨早早地涂好了。

小雨高兴地把画拿给魏老师看，上下座位的时候，她一不小心碰了璇璇的手臂。

璇璇马上质问小雨："你为什么撞我?"

小雨连忙道歉说："对不起，我不是故意的。"

璇璇不听，撅着嘴告诉魏老师："魏老师，小雨推我的手，画错了。"说着璇璇露出一副很难过的样子。

很快到了评价小朋友作品的时候了，魏老师给画得快涂得好的小朋友印上了一个小印章。

"老师，菲菲还没画好。"

璇璇抬起头，歪着小脑袋左看右看："魏老师，小雨把线条画在外面了，不应该得小印章。"

"魏老师，李云帆画得不如我呢。"

实际上，到魏老师评价小朋友们的作品时璇璇还没画好，她看到别人得到小印章心里感觉不平衡。

小朋友们正在区角玩娃娃家的游戏。璇璇是理发店老板，小鹏是火烧店的老板，他们的店里都顾客满座，生意很好。由于璇璇和小鹏的带动，游戏气氛十分热烈，小朋友们玩得非常起劲。可当魏老师到结构区观察的时候，他们那边就吵了起来，小源哭着跑来拉着魏老师的手："老师，璇璇打我的头，她还抢了我的转笔刀。"

"老师，给，这是他自己从家里带来的，还偷偷地藏在书包里。"魏老师要求幼儿不能随便带小玩具、小零食到幼儿园，所以璇璇把转笔刀递给魏老师时，一脸得意地望着小源。

魏老师通过调查了解到，不管是割别人的书包、抢别人的东西，还是不断告状都体现了璇璇的一种不良心理——嫉妒。当别人的东西比她的好，别人表现得比她强，都激发起她的嫉妒心理。

嫉妒将使幼儿很难协调好与他人的关系，很难在生活中心情舒畅，因为嫉妒心理强的人，别人的成功和他自己的失败，都会给他带来痛苦，平添不少烦恼。想到这儿，魏老师决定要纠正璇璇的嫉妒心理和行为。

师：小朋友们，今天，老师为大家讲一个故事，故事的名字是《动物王国里的故事》，大家想不想听?

幼：想。

师：大家坐好，老师要开始讲了。

动物王国里，动物们愉快地生活着。小猴子在树林里自由地嬉戏，小鸟在天空飞翔，鱼儿在水里欢快地游着，大象则悠闲地在散步，不时地用它的长鼻子摘下一串香蕉来吃，或者从池塘里吸一口水，给自己来一次淋浴。

这时，一只狐狸走过来对大象说："大象先生，您是动物王国的盟主，我们大家都非常敬佩您。可是，猴子却说您不能爬树，不能做盟主。"

大象一听，就生气了，它想："我是动物世界的盟主，这小猴子竟然在背后说我的坏话。上树有什么了不起，我也会。"

于是大象费力地爬上树头，可是它的身体太重，一下子把树干压断了，大象重重地摔到了地上。

大象爬起来，感到非常愤怒，它下命令说："从今以后，不准猴子们爬树。"

猴子们也都感到非常气愤，但它们又不敢违背大象的命令，只好在树林里走来走去，找掉在地上的东西吃。

狐狸又走过来对大象说："大象先生，您看，小鸟和小鱼多快乐呀，它们也都在笑话您呢，他们笑话您不能在天空飞翔，不能在水里游泳。"

于是，大象把小鸟召集起来，把它们的羽毛都拔了下来，可怜的小鸟们再也不能飞上天了。然后大象用鸟儿的羽毛给自己扎了一对翅膀，使劲地飞上了天，累得气喘吁吁，最后还是从天空中掉了下来，摔得好痛。

后来，大象又来到河边，它要小鱼都上岸来，让它自己在河里游泳。可是，大象没鱼鳃，不能在水里呼吸，被淹死了。

师：小朋友们，你们听完故事了，老师有几个问题想问问你们。第一个问题：狐狸的话是真的么？

幼：不是。

师：那么大象为什么从天空中掉下来？

幼：因为大象用鸟儿们的羽毛给自己扎了一对翅膀，使劲地飞上了天，累得气喘吁吁，没劲儿就掉下来了。

师：那么大象为什么会淹死呢？

幼：因为大象没有鱼鳃，不能在水里呼吸，所以就淹死了。

师：猴子能爬树，鸟儿能飞翔，鱼儿能游泳，大象能做什么？

幼：大象会吸水。

幼：还会用长鼻子摘香蕉吃。

幼：大象力气很大，可以帮助别人扛东西。

幼：只有狐狸什么都不会，就会说别人的坏话。

师：那么有没有一种万能的、什么都会的动物呢？

幼：没有。

师：小朋友们说得很好。世上没有一种万能的、什么都会的动物。每一种动物都有自己的优点和缺点，它们在自己的王国里快乐自由地生活。如果嫉妒别人，改变自己的习性，就无法生存。小朋友也都有自己的优点。我们不能改变别人，但可以让自己改进不好的地方。大家一起来帮老师找找咱们班上的小朋友们都有哪些长处，好不好？

幼：好。

幼儿们积极找着别人的长处，气氛空前热烈。璇璇找出了不少小朋友的长处，小朋友们也找出了她身上的长处，听着小朋友们羡慕的话，璇璇开心地笑了。

（三）反思拓展

幼儿的嫉妒具有明显的外露性、对抗性、直观性。幼儿的嫉妒在很大程度上是由于家长的教养方式不当或个别教师教育方式不正确引起的。有着嫉妒心理的幼儿从本质上讲是好的，是可以教育的，关键在于教师及家长的教育和引导。在上述案例中，魏宁老师通过及时洞察璇璇的心理活动，了解她的心理状态及所能接受的教育方式，选择最恰当的教育方式帮助她，通过故事，让璇璇明白了世界上没有万能的、什么都会的人，每个人都有自己的长处，自己同样有着别人没有的长处，从而最终消除了璇璇的嫉妒心。

幼儿产生嫉妒心理的原因可以从两个方面来分析。

首先，从内因看，这与幼儿的知识浅薄、眼界狭小、虚荣心强有着密切的关系。有的幼儿比较敏感，发现自己不如人，从心理上表现出一种恐惧与担心，他们想的不是如何通过正当手段超过别人，而是希望看到对方退步。

其次，从外因看，家长的错误教育理念往往导致幼儿产生嫉妒心理。有的家长在教育幼儿时，说一些触发幼儿虚荣心的话，将社会竞争意识灌输给幼儿，把幼儿的进退荣辱与别的幼儿比较："你们在一个教室里，人家每次考试都比你好。""老师表扬了那么多同学，就没有你。"家长或许是想激励幼儿，但是这些话却往往让幼儿感觉，正是因为别人比自己强，自己才受到家长的斥责，别人进步给自己带来的是惩罚。因此，幼儿逐渐产生了嫉妒心理。

嫉妒是一种低级情感。有嫉妒心的幼儿往往爱指责别人，或想办法让别人不如自己。有些幼儿还会因此逐渐变得性格古怪起来。这些对于成长中的幼儿来说都是有害的。教师一旦发现幼儿有嫉妒心理，应及时采取措施进行疏导。

1. 教育幼儿积极向上

很多幼儿好胜心强，总希望自己处处超过别人，这是无可非议的，但是嫉妒心强的幼儿往往自尊心、虚荣心都很强，因此，教师可以适当利用他们的虚荣心、自尊心激励他们的竞争意识，使幼儿积极努力，超过别人。

教师可以告诉幼儿："你希望得到老师的表扬，别的小朋友也希望得到表扬，在大家都努力获胜的情况下，结果可能是这次你胜利了，下次又变成他胜利了。因此，只要你积极表现，那么不管结局如何，你都是让人喜爱的好孩子。"教师这样表明了态度，幼儿就会既希望自己获胜，也能在心理上容纳别人的成功。

2. 帮助幼儿克服不足

嫉妒心强的幼儿往往是由于自身存在某种方面的不足而产生嫉妒情绪，因此，教师应帮助幼儿找出自身的不足，帮助他们努力克服。如有的幼儿看到别的小朋友的画画得比自己的好而产生嫉妒心，教师可帮助他提高绘画的能力。这样，幼儿在比较自己和其他幼儿的绘画水平时，能够有足够的自信，就不会因为自己没有信心而嫉妒他人。幼儿各方面能力如果都能得到相应的发展，嫉妒心则可能会相对减弱。

3. 培养幼儿的自信心

教师可以通过培养幼儿的自信心来帮助幼儿驱走嫉妒心。在培养幼儿的自信心时，教师可以用鼓励、表扬的方式对待幼儿。当然，这种鼓励和表扬应是适当的，不要夸大其词，教师的鼓励和表扬可以帮助幼儿渐渐形成自信心理。自信的幼儿往往比较乐观，他们在对待别人的成功时心态平和，他们相信自己也会成功，对其他幼儿的成功不会产生过分的嫉妒。所以，自信心是排解幼儿嫉妒情绪的一剂良药。

4. 引导幼儿正确竞争

幼儿产生嫉妒心理后，教师不妨把它引导到树立正确的竞争意识上来。为此，教师可以告诉幼儿，别人领先获胜后，自己要做的事情不是生气，而是应该激发起自己的斗志，敢于和对方展开竞赛。同时，教师还可以告诉幼儿，别的幼儿获得成功，肯定有许多优点值得学习，要把对方的长处学到手，这样才能不断进步，取得成功。

5. 为幼儿树立良好榜样

教师的一言一行都会影响到幼儿。因此，教师自己首先要养成开朗、豁达的个性，不为一些琐事斤斤计较。如果教师在幼儿面前总是说一些嫉妒的怨言，幼儿会以为教师也经常这样，会觉得嫉妒是一种正常的行为。相反，如果教师为幼儿树立良好的榜样，久而久之，幼儿在潜移默化中会形成豁达的个性，从而减少嫉妒情绪。

6. 丰富幼儿的生活

教师应该想办法让幼儿的生活丰富起来。教师可让幼儿多参加各种活动，培养他们各方面的兴趣。幼儿的时间被自己感兴趣的活动充实，陶醉在自己的乐趣当中后，自然就没有时间去嫉妒别人了。

7. 帮助幼儿建立安全感

教师应让幼儿明白，教师对他的爱是无条件的，而且是不会变的。教师可以明确告诉他们："老师和爸爸妈妈爱你，你是我们的好孩子，我们都爱你。"教师告诉幼儿自己爱的是他这个人，而不是他的成功，这样幼儿才能在内心建立起最安全的信任感，而不会为了讨好教师和父母出现某种行为，也不会为了成功去嫉妒他人。

8. 鼓励幼儿超越自我，而不是超越别人

虽然教师总是会不由自主地在幼儿之间进行比较，但教师还是应让幼儿明白，他自己的努力和进步最重要。总是拿幼儿和别人比会让幼儿觉得自己一定得强过别人，才有资格得到老师和父母的爱，如果自己比不过别人，那可能就不值得老师和父母爱了。幼儿如果产生这种想法，当他们脆弱的时候，当他们暂时停滞不前的时候，会很难接受真实的自己，有可能会不喜欢自己。所以，教师应该让幼儿明白，因为老师爱他们，所以他们成功时，老师都会和他们一起庆贺，失利时，老师也会和他们一起寻找新的目标，老师期待的是他们的积极和努力。

（1）帮助幼儿与自己做比较。如果需要比较，教师的建设性做法是拿幼儿的表现和作品与他自己上一次做的比较，当教师鼓励幼儿挑战自我、超越自我时，幼儿往往会做得更好，这有利于幼儿自我价值感的发展。因为和自己做比较，幼儿的关注点就会落在进步上，而不是一定要比别人强。

（2）夸赞幼儿的每次参与。爱玩、爱参与、爱尝试是幼儿的天性，教师应珍视幼儿的这一内在动机，鼓励幼儿参与活动。

（3）夸赞幼儿付出的努力。追求成功代表的是印证自我，而追求努力代表的是超越自我。教师应鼓励幼儿的努力，让他充满自信，从而好上加好。

（4）夸赞幼儿所做的具体事情。教师夸赞幼儿所做事情的细节不但可以让幼儿觉得真实，起到百夸不厌的效果，而且可以为幼儿下一次的行为提供参照，让幼儿想要做得更好。

9. 倾听幼儿的心理感受，做情绪疏导

幼儿的嫉妒是直观的、真实的甚至自然的，它完全不像成人嫉妒心理那样掺杂着诸多的社会因素，它只是幼儿对自己愿望不能实现而产生的一种本能心理反应。因此，教师不应盲目对幼儿的嫉妒行为进行批评，而要耐心倾听幼儿的苦恼，理解他们无法实现自己的愿望所产生的痛苦情绪，以便使幼儿因嫉妒产生的不良情感能够得到宣泄。

10. 帮助幼儿正确分析与他人产生差距的原因

幼儿的思维方式主要以具体形象思维为主，他们一般不具备对事物进行全面分析的能力。他们往往会将自己的嫉妒简单地归责于自己或嫉妒的对象，而不去考虑其他因素。因此，教师应帮助幼儿全面分析造成自己和嫉妒对象之间差距的原因。这些差距能否缩短以及缩短差距的途径和方法，以便使幼儿能正确与他人进行比较，以积极的方式缩短实际存在的差距，最终化解内心的不平衡。

幼儿嫉妒与大人嫉妒的不同之处主要在于是否能有效地控制自己的情感。大人在非常嫉妒时会尽量忍受，心中虽然不高兴，但也不会形之于色。幼儿却会直接而坦率地表露情感，根本不考虑后果。如果教师不及时纠正幼儿的嫉妒心，严重的甚至会导致幼儿畸形的自我价值观的形成。那些经常嫉妒的幼儿，可能会在不知不觉中开始觉得自己所期望的东西都不可能实现。

嫉妒心虽然对幼儿的危害很大，但它又是幼儿成长过程中一个回避不了的问题，它并不可怕，关键在于如何战胜它。这需要教师用理智和耐心，以赞美驱除嫉妒，把幼儿心中的那份酸化作生活中的甜。

强化训练，培养幼儿的细心品质

（一）培养幼儿细心品质的重要性

细心的反面是粗心、马虎，粗心的毛病在幼儿中是比较普遍的。“千里之堤，溃于蚁穴”，粗心会给幼儿带来无尽的烦恼。如果教师对于幼儿的不细心不注意给予及时纠正，幼儿长大以后可能会形成不利于他们的学习、成才的马虎毛病。

细心在日常生活和工作中是非常必要的。然而，如今生活节奏越来越快，做事毛躁马虎的人也越来越多，生活好像也越来越缺乏安全感了。很多人还为此振振有词：“我就这样，改不了了。”事实上，细心是一种心理品质，一个人完全可以通过有意识地培养而逐步做到有条不紊、沉着稳当、明察秋毫。

作为一种个性特质，细心和先天气质有着密切的联系。如内向敏感的人往往谨慎小心，但也会表现出放不开手脚；而外向粗犷的人做事通常洒脱自在，不拘小节，但也会粗枝大叶，马虎大意。很多值得信赖的成功人士都能够做到粗中有细，战略上藐视困难，战术上重视细节，因此常常能运筹帷幄，把握机遇，同时又能精耕细作，处事圆满。从这个意义上说，细心是成功的基石，教师应注重在教育实践中逐步培养幼儿细心的品质。

教师应当利用一切因素培养幼儿细心的品质，让他们成为生活的有心人，细心作为，细心行动，从而让他们收获更多的成功与效益，感受更多的安全与保障，留住更多美好的瞬间。

（二）经典教育活动案例

活动目标：

（1）能有表情地演唱歌曲，大胆地进行创编、表演。

（2）教育学生懂得做事要细心。

活动准备：

（1）螃蟹、鸭子、小兔、大马的正确图片与错误图片。

（2）儿歌录音带。

活动过程：

明明的妈妈送明明到幼儿园，一看到老师，她便向老师“诉苦”。

“老师，要说我家明明脑子可不笨，可就是粗心大意、丢三落四，画画明明要求画梅花，可他愣给看成画花，结果什么花都画了，就是没画梅花；看图片时，经常漏掉图片，所以他经常因为粗心得不到小红花，都是错在不该错的地方。我说过他，罚过他，可他总是改不过来，做事还是不细心。”

老师发现，不只明明有做事不细心的毛病，班上的其他幼儿也有。他们时常丢三落四，在不应该犯错的地方犯错。老师意识到，粗心大意对幼儿的成长极为不利，如果不能及时纠正，幼儿以后极有可能因小失大。

活动一

师：今天来了好多老师，他们都是听说我们班的同学表现好才来听课的，大家高兴吗？

幼：高兴。

师：让老师看看你高兴的表情。你还会怎样笑？

老师指幼儿起来笑。

师：老师会这样笑。

教师范唱。

6 5 | 3 32 2 | 1 — ||

哈 哈 哈 哈 哈 哈 哈。

师：同学们是不是也会这样笑？大家一起来笑一笑。

幼儿唱。

师：怎样笑声音才好听？直起腰，肩放松，表情要微笑。

幼儿唱。

师：我听说，小朋友们都非常喜欢小动物，谁来介绍一下自己喜欢的动物？

幼儿既可以用语言描述自己的动物朋友，也可以用肢体语言表现。

师：有个小男孩，他叫丁丁，他自称是小画家，什么东西都会画，刚才他画了好多小动物，我们快来看看吧。小朋友们要仔细听，认真看，想一想，丁丁都画了哪些小动物？都画的是什么样子呢？

教师播放动画儿歌。

丁丁说他是小画家，

彩色铅笔一大把。

他对别人把口夸，

什么东西都会画。

画只螃蟹四条腿，

画只鸭子尖尖嘴，

画只兔子圆耳朵，

画只大马没尾巴。

咦哈哈——

师：可是小朋友们看了他画的画以后都笑了，你听。

教师放录音。

师：刚才歌里的小朋友是谁？

幼：是丁丁。

师：这首歌的名字叫什么？

幼：粗心的小画家。

师：我们一起来唱一唱这首歌。

幼儿唱歌。

师：丁丁除了粗心还有什么缺点？

幼：骄傲。

师：你从哪里看出来的？

幼：丁丁说他“什么东西都会画”。

师：你能学着丁丁的样子骄傲地说一说这句话吗？

小组讨论、表演，教师指幼儿表演。

师：丁丁画错了哪些动物，小朋友们能演一演这些小动物吗？

幼儿组成小组先表演，教师再指幼儿到前边表演，大家一起学。

师：小朋友们看到这么奇怪的画说了什么？

幼：咦。

师：说这句话的时候应该用什么样的语气和表情？

幼儿表演。

师：丁丁认为自己画画特别棒，他是怎么对大家说的？

幼：他对别人把口夸，什么东西都会画。

师：大家看了他画的画后是怎么说的？

幼：大家看了笑哈哈，真是粗心的小画家。

师：丁丁最大的缺点是粗心，我们做事情可不要像他。小朋友们看，丁丁画的小动物还没改好呢，怎么办呢？你们想不想动动脑筋，帮他把画改好啊？谁想到前面来改画？

教师让幼儿到前面去改画。

师：画改好了，歌词应该怎样改？

幼：画只螃蟹八条腿。

幼：画只鸭子扁扁嘴。

幼：画只小兔长耳朵。

幼：画匹大马有尾巴。

幼：画匹大马长尾巴。

师：小朋友们平时喜欢画什么？

幼：大象。

幼：小狗。

幼：小猫。

……

师：谁能用这些小动物来编歌词？

幼：画只小狗四条腿。

幼：画只大象长鼻子。

幼：画只小猫尖耳朵。

……

师：小朋友们这节课不仅学会了表演，帮丁丁改正了错误，还自己创编了歌词。小朋友们要记住，我们可不能像丁丁一样做个粗心的小画家，我们应该做一个——

幼：细心的小画家。

师：小朋友们说得真好，我们不光要做细心的小画家，更要做细心的好孩子，不管做什么事，都要细心观察、细心去做。

活动二

老师出示挂图四张。

师：小朋友们，以前老师讲过很多故事，今天老师想让小朋友们自己来编故事。这里有四幅画，小朋友们要细心观察，自由阅读，自由讲述，根据画面内容编出一个好听的故事。大家说好不好啊？

幼：好。

教师与幼儿一起仔细阅读画面，启发幼儿用图示符号来形容角色的表情、动作和心理活动。

师：图片一中，小白兔是怎样跳舞的？

幼：小白兔一蹦一跳。

幼：小白兔蹦蹦跳跳。

幼：小白兔又蹦又跳。

幼：小白兔又唱又跳。

幼：小白兔唱唱跳跳。

师：在图片二中，小白兔睡得怎样呢？

幼：小白兔睡得很香。

幼：小白兔睡得很甜美。

幼：小兔进入了梦乡。

幼：小白兔睡得笑眯眯。

师：在图片三中小白兔家着火了，朋友们是怎么想的？怎么说的？怎么做的？

幼：小猴子的心里非常着急，它来回地跑着，忙着提水灭火。

幼：雪娃娃大声地喊着“不好了，大家快来帮忙吧”。

幼：雪娃娃说“我有办法了”，边说边跑进屋里抱着小白兔往外跑。

幼：雪娃娃被大火烤得直流汗。

幼：雪娃娃快融化成水了。

幼：刺猬帮不上忙，急得在一旁直说“怎么办呢”。

师：在图片四里，小白兔得救了，大家怎么样？

幼：小白兔得救了，大家的脸上笑眯眯的。

幼：小白兔脱离了危险，大家松了一口气。

幼：大家又唱又跳的，很开心。

幼：兔妈妈说：“谢谢你们，救了我的孩子。”

师：小朋友们观察得很仔细，说得也很好，老师会把小朋友们说的都写下来，大家看看，细心观察的小朋友们有好多的发现呢。

（三）反思拓展

在上面的案例中，教师通过儿歌、故事和游戏，让幼儿明白了细心的重要性与细心观察的乐趣，从而促使幼儿产生养成细心品质的欲望，进而使幼儿采取行动，养成细心的品质。

幼儿不细心虽然不是什么大毛病，但是如果不及时改正，最终也会酿成大错，比如，在以后的学习、工作、生活中，粗心所带来的就不仅仅是小麻烦了，有时它带来的损失往往不可估算，甚至无法弥补。教师应该怎样帮助幼儿改正粗心的毛病，培养幼儿的细心品质呢？

1. 运用积极目标的力量

积极目标是教师为幼儿设定的一个提高幼儿注意力和专心能力的目标。幼儿要在训练中养成细心的习惯，需要有一个目标，这个目标能激励幼儿比过去集中注意力，细心做事。

2. 培养幼儿对细心品质的兴趣

有了对细心品质的兴趣，幼儿就会认同教师给自己设置的训练科目、训练方式和训练手段。他们会在较短的时间内通过自我训练，养成细心的品质。

3. 让幼儿重视要做的事

对于那些不重要的事，幼儿不认真去对待它，往往就会粗心大意。比如，在做手工作业的时候，有些幼儿认为错一步是小事一桩，只要自己会就行了，所以经常就会因为粗心而犯一些小错误，但是粗心大意变成毛病之后，幼儿在生活中也就容易犯错。所以教师应让幼儿重视自己要做的事，无论事情大小，都要认真对待，细心去做。

4. 让幼儿养成做事后认真检查的习惯

当幼儿完成一件任务后，教师应让幼儿认真检查一下所做的事，看看有没有因为不细心而导致的错误，这样，那些因不细心出现的错误就会被纠正。比如，让幼儿去幼儿园之前检查一下要用的东西有没有带齐，玩游戏之前检查一下游戏要用的玩具。

5. 强化幼儿的责任心

责任心是做好一件事情的前提，如果幼儿没有责任心，对什么事情都敷衍塞责，马虎了事，必然做不好。有了责任心以后，幼儿才会谨慎从事，细致认真，不敢有半点儿懈怠。要培养幼儿的责任心，教师光靠说教不行，还得身体力行，亲自做示范，严格要求自己，要求幼儿做到的事情，教师自己首先应该做到。

具体来说，教师可以给幼儿安排一些力所能及的劳动，比如让他负责扫地或者洗自己的手帕之类，干好了给予鼓励或奖励，干不好则应要求他重来一遍，让幼儿负起责任来，直到干好为止。长期坚持下来，幼儿的责任心会大大增强，慢慢的就会做事细心了。

6. 让幼儿学会整齐有序地生活

许多良好的品质都是教师和家长长期帮助幼儿培养起来的。如果一个幼儿生活在杂乱无章的环境中，什么东西都可以乱放，没有稳定的作息习惯，就一定会养成粗心、马虎、无序的毛病。所以，教师应建议家长在家庭中创造一种有序的生活，做什么事情都尽量要有规律，家里所有物件的摆放要整齐，有固定的地点。幼儿通过养成良好的做事习惯，并把它转移到学习中，就能够有效地减少各种不细心现象。

7. 进行严格的训练

教师应针对幼儿的不同情况对幼儿进行细心方面的训练。比如对视、知觉能力的培养，教师可以通过让幼儿找不同的数、找相反的数，辨别相似字母、图形，逐级增加难度，帮助幼儿提升视、知觉能力（如视觉集中、视觉分辨、视觉宽度、视觉记忆和视动协调等）和运动知觉能力。需要注意的是，在对幼儿进行训练时，教师应避免简单重复，因为简单重复的练习会引起幼儿的厌烦情绪，而达不到培养幼儿细心品质的效果。

8. 不要放纵和宽容不细心的幼儿

很多家长对幼儿的粗心抱着一种放纵和宽容的态度，“如果不是因为粗心的话，这回应该可以得小红花了。”这句话家长常说，幼儿也常说。乍一听，似乎有很多遗憾和埋怨，可隐隐之中又透出些许的满足和自豪。这是极端错误的做法，这种放纵和宽容只会让幼儿更加粗心。因此，教师不能放纵和宽容不细心的幼儿，应该让他们认识到细心的重要性，促使他们养成细心的品质。

9. 要让幼儿知道不细心比无知更糟糕

一个概念从无知到有知的改变是很容易的，而不细心的现象却会经常不断重复发生。从这个对比中可以很容易看出哪一个危害更大。列宁曾说过：“无知比偏见离真理更近一些。”可以毫不夸张地套用这句话说：“无知比粗心更容易获得真理。”

幼儿不怕“无知”，因为不会的可以学会，不懂的可以学懂，而不细心往往就可怕了，因为幼儿以为不细心不是“无知”，所以就一次次毫无顾忌地草率、不细心，也就一次次痛苦地做错，从而浪费许多时间，丧失了许多可能的机会。所以，不细心比无知还要可怕，还要糟糕。不细心往往是由于幼儿对不细心危害的无知造成的，因此，教师应给幼儿讲明不细心的危害，让幼儿从内心深处认同细心这种品质的重要。

培养幼儿的细心品质，关键在于教师的细心。这是指教师在工作中要做幼儿的表率，有板有眼。幼儿不细心的毛病反复出现的重要原因之一是教师抓而不紧，往往在事态发展比较严重的时候才找幼儿谈话，批评幼儿，等到幼儿再犯的时候，教师可能又因为忙于其他事务，没有时间来管，结果幼儿永远陷在不细心的怪圈里跳不出来，最后把教师拖得没有耐心，撒手不管，幼儿始终也没有改变不细心的毛病。

让幼儿做一个细心的人，关键还在于教师要赋予幼儿责任感，让幼儿切实用心。任何事情都是事在人为。同样一件事，敢负责任，良苦用心，就可能成就一篇杰作；如果毫不在乎，不当回事，就可能竹篮打水一场空。幼儿如果能够负起责任，就会油然而生一种神圣的责任感和使命感，有可能激发起他全部的智慧，调动起他无穷的潜力，细心地做好每一件事。

认同幼儿的个性，培养幼儿的自信品质

（一）培养幼儿自信品质的重要性

作为一种重要的社会性心理品质，自信心是幼儿良好的心理素质和健康个性的重要组成部分，对幼儿的身体健康、和谐发展具有促进作用，但在现实生活中，很多孩子都或多或少存在着自信心不足的问题，其主要表现有以下几方面：

（1）依恋父母，不能很快地适应新的环境，惧怕陌生人。

（2）上课时不敢或很少发言，不敢在集体面前讲话，回答问题时手足无措，声音小。

（3）不敢主动要求参加集体活动或其他小朋友的游戏。

（4）对自己的活动结果或过程缺乏自信心，经常要求成人的肯定："老师我做得对吗?""老师是不是这样?"有时看了别人的答案，跟从别人，把自己的正确答案改错。缺乏主动精神和创造的勇气。

（5）对自己的能力缺乏信心，害怕与别人相比，特别是害怕被别人笑话。

（6）不敢主动地与小朋友交往，在他人面前常常畏缩、退避，喜欢独处。

（7）缺乏主见，总是跟在能力强的小朋友后面，听从他人的安排。

（8）遇到问题，常常害怕、退缩和回避，容易放弃，而不能努力解决。

（9）害怕尝试新事物、新活动，总是选择那些比较容易的活动，而逃避那些有一定难度或有挑战性的新活动。

（10）在必须完成一件未曾做过的或看起来有一定难度的活动时，常常先说："老师我不会。""老师帮帮我。"

自信心是对一个人的成长有着重要影响的非智力因素。培养幼儿自信的心理品质，对他一生的发展都有很大的影响。自信心强的人总对自己充满希望，看重和信任自己，对自己有着比较积极的情感，有"我能行"的信念，就为他的成功奠定了一定的基础。反之，一个人如果缺乏自信，看不到自己的能力，认为自己干什么都不行，总是不如别人，成就愿望较低，就会消极被动，实际能够完成的任务也会半途而废。久而久之，这样的心理定式，定会阻碍身心的发展。

居里夫人曾向青年科学家指出："我们应该有恒心，尤其要有自信心。"美国斯坦福大学特尔门教授的研究结果表明，那些做事实在有自信心的人才是将来最有可能在工作中有所创造、有所贡献的人才。自信心往往是一个人走向成功的起点。正因为自信，一个人才会确立远大的志向，才会产生工作的动力，才会坚持不懈地辛勤耕耘，才能使自己的个性、才能和智慧得到充分的发挥。这是一系列锁链式的动态结构，而锁链的第一环就是自信心。

因此，培养幼儿的自信心，使他们充满信心地走向未来，成为新时期高素质的人才，是幼儿教师所面临的重要问题和任务，教师必须加强对幼儿自信心的培养。

（二）经典教育活动案例

活动目标：

（1）多亲近幼儿，让他们从老师的关爱中获得自信。

（2）多发现幼儿的闪光点，并加以赞扬鼓励，让幼儿在老师的赞扬中获得自信。

（3）让幼儿多交朋友，在与朋友的相处中建立自信。

（4）多开展活动，通过讲故事树立幼儿的自信心，同时让幼儿体验到成功的快乐。

(5) 让幼儿相信自己的能力，做事积极主动，勇于接受挑战。

(6) 让幼儿正确认识自己的能力，乐于参加集体活动，勇于表达和表现。

活动准备：

(1) 通过生动感人的教育活动，让幼儿体验、感受到老师的关心和爱护。

(2) 组织各种集体游戏，准备各种玩具、故事书。

活动过程：

活动一

有一年，江苏海安县西场镇中心幼儿园仲美芳老师的班里来了一个叫小洁的孩子。小洁很内向，开学入园时一直低着头，不敢正眼看人，同时身体还不自然地转动。仲老师问她话，她要么声音像蚊子似的那么轻，要么就语气神态很特别，脸红红的，几乎大声喊着快速回答完，然后迅速低下头。

入园的最初几天，小洁总是一个人独自坐在小椅子上，脸上一副木然的表情，好像什么事都引不起她的兴趣，她只是看着其他的小朋友玩耍。仲老师走近和她说话，她马上扭头不看老师；仲老师邀请她参加活动，但很多次都玩不成功，一会儿她就退到一边去了；仲老师问她问题，她总是红着脸说"不知道"。

仲老师教孩子们做操、玩游戏，小洁只是站在一旁漠不关心地看两眼，或干脆就站在室内透过窗户看着。很多小朋友在仲老师的教导下，都学会了一些简单的自理能力，但小洁一个多月后还需要老师的帮助。

根据小洁的情况，仲老师判断她有着严重的自信心不足问题，于是便给予她更多的关注，以便及时帮助她排忧解难，减轻她在陌生环境中由于能力弱而造成的压力。比如，有一次中午起床，小洁试着自己去穿鞋子，但鞋子套进去了，拉链却怎么也拉不上去，急得她眼泪在眼眶里直转。仲老师看见了，急忙走过去温柔地说："来，老师帮你！"当老师拉好拉链抬起头的一刹那，发现小洁冲着自己羞涩地微笑了一下，不再像以前那样害怕面对老师。

此外，仲老师还在日常生活中注意发现小洁的"闪光点"，创设条件鼓励她大胆地表现自己，以不断提高她的自信心。通过观察，仲老师发现小洁很细心，每次小朋友玩完玩具随便扔在一边的时候，她都会轻轻走过去捡起地上的玩具并把它们送回原位置，然后再回到自己的座位。于是仲老师便设了一个小小管理员的位置，让小洁来担任，以此鼓励她并激励其他小朋友向小洁学习。

为了让小洁参与集体活动，仲老师让班里活泼开朗的小恬带着她一起玩游戏。起初小洁有些害羞站着不敢动，但有一天吃完午饭后，仲老师准备带小朋友出去散步，一点人数却发现小恬和小洁不见了。仲老师急忙寻找，结果看到两人在厕所里正聊得起劲。看着平时话少的小洁说得那么兴奋，仲老师知道这个孩子正在发生改变。

自此以后，小洁和小恬成了好朋友，不论是做游戏还是去乐园玩，小恬总会跑去拉着小洁的手一起玩，有时小洁也会很开心地去找小恬。这样，在小恬的带动下，小洁慢慢变得开朗自信了，开始主动参加集体活动，和小朋友也有说有笑了。

活动二

小冰是一个体弱多病的孩子，因此家长对他的照顾可以说是“无微不至”，但家长的过度保护和包办也使得小冰在很多方面失去了自己动手的机会，从而养成了饭来张口、衣来伸手的习惯，同时也形成了不自信的个性。在班里，他很少举手回答问题，区域活动时也从来不主动参加，穿脱衣服每次都要老师帮助，每次书写时都不敢下笔写，怕自己做错，平时活动中讲得最多的话就是“我不会”，“我不行”。仲老师觉得小冰太缺乏自信了，因此决定从一些细小的事入手来帮他建立自信。

仲老师的班有一个餐前餐后活动，活动时经常会请孩子讲故事或唱歌、讲笑话，但每一次仲老师请小冰，他都不敢，总是说：“我在家没学故事、笑话，我不会。”为了激发小冰的自信心，仲老师想了一些办法。

首先，仲老师布置了一个任务给小冰，请他的家长教他一个简单的新故事，他学会后到幼儿园讲给同伴听。故事是学会了，小冰就是不愿意在大家面前讲，仲老师又哄又唬，但他怎么都不肯讲。

于是，仲老师就请每个孩子回家学一个新故事，然后来幼儿园讲给同伴听，老师会奖励一件小玩具。这个活动吸引了很多孩子，但还是没能把小冰吸引过来。原因是他并不是很喜欢这些玩具，而且每个孩子的都一样就更不能引起他的兴趣了。

后来，仲老师终于想到了一个主意，因为平时孩子们一起念儿歌、唱歌活动时，仲老师发现小冰的嘴巴一直在动，虽然声音不是很响，但至少表明他有兴趣。对于他熟悉的游戏、玩具等，小冰也是愿意玩的。仲老师决定就从这里下手。

仲老师向小冰的家长借来了他的故事书，里面有他会讲的几个故事。仲老师选了其中一个，记住了里面的细节和大致的内容。在第二天的餐前活动中，仲老师说今天老师给你们讲一个好听的故事，大家听老师这么一说都很高兴。

仲老师故意找了一个靠近小冰的座位，讲起了他熟悉的故事，小冰听得很认真，后来仲老师听到他轻轻地说："这个故事我也会讲的。"但仲老师并没有理他，而是继续讲着，讲了一会儿，仲老师故意停了下来，孩子们都很奇怪。

仲老师说："不好意思，老师忘了。""啊!"正听得来劲的孩子们有点急不可耐了。仲老师便说："老师忘了讲不下去了，谁能帮我讲下去呢?"孩子们都摇摇头说："这个故事我不会讲。"

仲老师说："老师知道，我们班有个小朋友会讲这个故事的，你们想听他讲吗?"孩子们都说："是谁呀？你快说呀。""我想听的。"

仲老师看了看小冰，小冰也正在看着她，仲老师知道在这个时候，孩子们都觉得能把老师讲不下去的故事讲完一定很了不起。于是，仲老师就趁势说："我们先来拍拍手表扬一下，这个小朋友其实很会讲故事的哦。"

在孩子们的期待中，仲老师把小冰拉了出来，他起先还是有点怕："可是我讲的和你讲的不一样。"

仲老师说："那你把你的讲给小朋友听吧，大家一定会很喜欢的，老师相信你讲的比我还要好啊。"小冰犹犹豫豫地终于第一次在这么多人面前讲起了故事，在获得了全体孩子的掌声后，他的脸上露出了从未有过的开心和自豪的神情。

课后仲老师又对小冰表扬了一番，说希望他以后能够多讲故事给伙伴们听。小冰竟出乎老师意料地说："我们家还有更好听的故事呢，等我学会了讲给大家听好吗?”仲老师竖起大拇指示意他很棒，小冰更开心了。这以后，小冰变得愿意在同伴面前讲故事了，声音也越来越响，表现得也越来越有自信心。

（三）反思拓展

幼儿园里总会存在一些像小洁和小冰这样不自信的孩子，他们给人的感觉是过于内向和安静。对这类幼儿，教师要多注意观察他们身上的闪光点，并加以赞扬，让他们体验到成功的喜悦，从而提高自信心。

自信是一个人对自身力量的认识和充分估计。它是自我意识的重要组成部分。幼儿期的自我意识正处于从生理的自我向社会的自我过渡的时期，原来一切以生理需要为基础，仅仅停留于对自己的躯体、衣着、家庭关系和自己所有物的自我意识，进而扩展并转化为对自己的主张、力量、地位、责任和义务等的自我意识，即按社会要求为依据的自我意识。这个时期的自我体验仍带有强烈的自我中心期的痕迹，以为世界是为“我”而存在的，总是以自己主观的想法来解释外界现象。这个时期幼儿自我评价的特点，一是他律性，二是表面性，三是片面性。正因为这样，幼儿对于自己力量的认识和自己可能达到的成就估价就不免零星、肤浅、不稳定，完全从属于成人的评价，实际上只是他们心目中权威人物的评语的翻版。

因此，有些幼儿所表现出来的信心不足，只能看做是尚未充分建立自信心，教师不能武断地认为是自卑感，因为从自我的整体发展史上来说，在幼儿期，自我意识虽已萌发，但尚处于朦胧阶段，教师要及早观察与发现幼儿自信心形成的趋向，注意培植和塑造，防止骄傲、固执、退缩和自卑等性格的发展及不良影响的侵袭，并通过有目的、有计划的教育影响，把幼儿自信心的发展引向健康积极的方向，让孩子从幼儿时期就树立良好的自信品质。

“幼儿作为发展中的个体，总是在积极主动地探索外部世界，幼儿在活动中的自主能动性又是发展的先决条件；要重视让幼儿在与同伴共同进行的自主性活动中体验成功感，培养自信心。”可见，从小培养幼儿相信自己力量的心理品质，无论对身心健康发展，还是对整个中华民族素质的提高来说，都将起到不可估量的作用。那么，教师应该如何培养幼儿的自信心呢？

1. 认同幼儿的个性，鼓励他们自信

生活中，每个幼儿都是独立的个体，都具有各自独立的个性，就像刚出生的婴儿，有的生来活泼好动，有的则安静平和，孩子的个性特征是与生俱来的。虽然对孩子尽善尽美的要求和期待是对孩子的一种“关怀”，但是孩子是十分敏感的，教师稍不留意，就会伤害到他们幼小的心灵，且这种伤害会伴其成长，会使幼儿认为自己是一个没有用的人，自尊心受挫，自信心渐渐丧失，不敢面对新鲜事物。因此，对于那些性格内向、缺乏勇气的孩子，应该认同其个性，多发现他们身上的闪光点，赞扬他、鼓励他，这样孩子会觉得自己被人关爱，自信心才会建立和增强起来。

（1）挖掘幼儿的闪光点。教师应该相信班内的每个幼儿身上都有闪光点，这是使幼儿获得成功体验的重要前提。幼儿在教师的积极肯定与表扬中，能够获得成功的体验，从而为自信心的形成奠定坚实的基础。

（2）让幼儿说“我能行”。在为幼儿提供更多选择活动机会的同时，教师一定要避免一刀切的陈旧教育模式，要相信每位幼儿都能行，并根据幼儿原有的水平，提供与之相适应的个别活动或环境，让幼儿在充分体验能力的活动中说“我能行”。

（3）创设角色环境，体验成功愉悦。融入“新鲜”角色，调动幼儿活动的自主性，这对于解决幼儿自信心不足的问题非常重要。这一尝试，不仅可以使幼儿认可自我能力，还能帮助幼儿得到同伴和教师的认可与赞赏。

因此，教师要充分挖掘活动区中的角色任务，如充当区角小顾问，餐厅总经理，建构区的设计工程师、科长，自然区的管理员、活动主持人，体育小班长等，通过让幼儿担任这些角色，一方面用角色意识促进幼儿更主动、更认真地承担任务，使幼儿在尝到成功的甜头的同时更加努力；另一方面还可以为幼儿提供丰富的活动机会，让幼儿获得各种成功体验。

2. 大胆放手，诱导自信

由于现在的幼儿大部分都是独生子女，因此家长娇惯、溺爱的现象相

当普遍。幼儿不能做的事家长去做，幼儿能做的家长也去帮着做，甚至连孩子的兴趣也要由父母来选，结果造成许多幼儿缺乏独立性和交往能力，依赖心理十足，生活中一遇到困难就退缩、回避，不敢面对，长此以往，必然会使幼儿缺乏自信，产生自卑。

因此，教师要在尊重、理解幼儿的前提下，尝试大胆放手、小心诱导的教育方式，使那些内向、自信心不足的幼儿在丰富有趣的活动中认识到自己能行，自己的存在是举足轻重的，进而肯定自我，增强自信。

3. 让幼儿从实践中获得成功的体验

幼儿是否有勇气接受新事物的挑战，个性特征占主导，还取决于幼儿是否有充足的生活经验和各种技能。充足的生活经验，可以让幼儿在面对问题时有准备，知道自己该怎样做；各种技能可以帮助幼儿顺利地实现自己的想法。因此，为了让那些性格内向、不够勇敢的幼儿站起来面对大家，教师应利用一切机会多与幼儿交流，多引导幼儿观察，多让幼儿参与，多给幼儿提供与其他同伴一起玩的机会，这样，在生活经验、技能不断增长的基础上，幼儿就能坦然面对问题，当幼儿获得成功时自信心也就随之增强起来。

4. 帮助幼儿建立良好的同伴关系

帮助幼儿建立良好的同伴关系，让孩子客观地把自己同伙伴相比较以促进其自我肯定，树立自信心。孩子与幼儿园同伴之间的交往日益增多，因此能否受到同伴和集体的尊重是影响幼儿自我肯定的一个关键因素。小班的孩子交往能力较差，和同伴的交往不多，教师应通过各种丰富的活动来促进孩子的交往，鼓励孩子多交往。

另外，教师还要教给幼儿一些正确的交往技能，如在游戏中不去抢别人的玩具，能和同伴一起玩，在同伴有困难时帮助他，让孩子在同伴中获得肯定，同时也能帮助孩子认识自身不足及长处。切不可忘记赞美孩子的优点，这对于培养孩子的自信心同样很重要。如“成成吃饭很好”“和和很爱劳动”，让孩子在同伴和老师的肯定、赞同中拥有自信。

5. 对幼儿的期望值要适当

现代情绪理论认为，在一般情况下，一个人的自信心与他的成功率成正比，成功越多，期望值越高，自信心越强，反之失败越多，期望值越低，自信心越弱。幼儿的阅历和能力是有限的，在许多事情上容易面临困难与挫折，因此，教师一定要了解幼儿的身心发展特点，切不可拔苗助长。我们提倡的教育方法是重视孩子发展区的需要，对幼儿提出的要求应是循序渐进的，教师对孩子的期望值要与孩子的身心发展及所具有的客观条件适应，必须是孩子经过努力就能达到的。如发现这一期望值不适合孩子的实际发展状况时，应及时调整，以避免孩子经常处于踮着脚尖还够不到苹果的处境。因为多次的失败会降低幼儿对自己能力的评价，丧失信心。

6. 增强幼儿的耐挫力和教给幼儿补偿的办法

在生活中，任何人都不可能十全十美，一帆风顺。怎样评价自己，怎样对待失败，不同态度会导致不同的结果。因此，教师在教育过程中要正确分析幼儿的情况，尤其是当幼儿遇到困难与挫折时，应珍视幼儿的努力，帮助幼儿正确对待不足和失败，要让幼儿明白，做任何事都不是一帆风顺的，只要努力，就一定能战胜困难，只有不断战胜困难的人，才能进步。比如有的孩子遇到失败时只会伤心难过，这时教师要主动接近他，帮助他分析失败的原因，鼓励他通过其他补偿方式来弥补弱点以获得自信。有的孩子智力发展一般，但社会性发展较好，能关心集体，热爱劳动，对这样的孩子教师要帮助他们发扬长处、获得自信。

有位哲人说：“自信是成功的基石，是每个人事业成功的支点。一个人若没有自信心，就不可能大有作为，有了自信心，就能把阻力化为动力，战胜各种困难，敢于夺取胜利。”这说明，自信心是一个人对自身力量的认识和充分估计，是一种良好的心理品质。

幼儿自信心的发展是其自我意识不断成熟和发展的标志，它能促进幼儿产生积极主动的活动愿望，大胆探索，乐于与人交往并保持愉快的情绪。教师应该由常规教育入手，如坐、立、行等常规，帮助幼儿树立“我能行”的坚定意识，培养他们相信自己的优秀心理品质。

创造分享机会，培养幼儿的分享品质

（一）培养幼儿分享品质的重要性

现在的幼儿大部分都是独生子女，两岁前幼儿的教养场所主要是家庭，于是父母或长辈便成了幼儿主要的教育者和“同伴”。幼儿在这种环境中是“中心人物”，他们接触的成人对他们都是有求必应，因此在他们的心目中，自己应该是被关爱、被满足和被包办的重要对象，所以他们没有分享的意识。再加上现代家庭的高楼大厦和单门独户减少了幼儿和小伙伴的来往，使得幼儿缺乏与同龄人交往的技巧和能力。于是在进入幼儿园开始集体生活时，幼儿就容易出现各种问题。如以自我为中心、不会与人共享等，尤其是处于托班年龄段的幼儿，由于自身的特点，对于“我的”和“他的”的意义不完全明白，“以自我为中心”的意识非常突出。他们努力保留自己的东西，同时又想拥有别人的、自己喜欢的东西，因此在幼儿中，独占（玩具、食物）的现象十分普遍，这些孩子不会与同伴相处、不善于与同伴分享快乐。

随着社会的进步、科技的发展，越来越需要人们具备与人分享的品质，善于与他人分享是时代的要求，是孩子日后生存与发展所必需的品质。因此，培养幼儿与人分享的品质有着十分重要的意义。

（二）经典教育活动案例

活动目标：

（1）引导幼儿学会分享，并能体验分享的快乐，加深同伴间的友谊。

（2）引导幼儿学会礼让，学会交流并使用礼貌用语。

活动准备：

小飞机、飞天魔棒、猪肉片、盘子、碗、筷子，每位幼儿自带玩具1～2件。

活动过程：

活动一

一天中午，温州市鹿城区华电幼儿园的郑红老师在孩子们吃完饭后，让大家自己玩玩具。这时，明明拿出了一个会亮灯的小飞机，小朋友们看见后都很喜欢，想拿过来玩一玩，可明明却把小飞机抱得紧紧的，嘟着嘴说："这是我的，不给你们玩。"

小朋友们很失望，有的孩子生气地说："明明是个小财迷鬼，我们不理他！"郑老师见状走过来轻声问道："明明，是不是自己的玩具只能自己玩呢？"明明低头不说话，仍然把玩具抱得紧紧的。

郑老师觉得这是对孩子进行分享教育的好时机，于是便到大班借了一个非常好玩的飞天魔棒，当着孩子的面上下摆动起来，孩子们的注意力立刻被吸引过来，都争先恐后地说："老师，我想玩。""老师，教我们玩吧！"

明明也跟着叫："老师，我也要玩！我也要玩！"

郑老师问明明："飞天魔棒在老师手里，你想玩该怎么办呢？"

明明毫不犹豫地说："向您借呗！"

"我不借！"郑老师故意做出一种趾高气扬的样子。

明明说："我只玩一下就还你，不会搞坏的！"

"我不想借给你！"郑老师仍然坚持着。

明明一副很失望的样子，郑老师紧接着问："你没有借到玩具，心里怎样想呢？"

"你不给我玩，我不高兴。"

孩子们也异口同声地说：“我们也不高兴！”

郑老师趁机对明明说：“你看，小朋友们都同你一样不高兴了，自己的玩具只能一个人玩吗？”

经老师一问，孩子们议论开了。东东说：“玩具可以大家一起玩。”佳佳说：“我的好玩具也给院子里的兵兵玩。”明明不说话了，他默默地把手里的小飞机塞给东东，轻声说：“给你玩吧，不要弄坏了。”郑老师见状高兴地把飞天魔棒给了明明。

孩子们又高兴地玩在了一起，郑老师借机告诉小朋友，只要愿意，可以带玩具来幼儿园和大家一起玩。结果第二天，各种好玩的玩具出现了，孩子们高兴地互相交换着玩。后来，大家还讨论可以借别人的玩具回家玩和爱护玩具的办法，还决定每星期五为分享日，大家可以一起分享玩具、图书、故事……这种愉快的自愿分享活动让孩子之间的友谊更加深了。

活动二

区域活动中的宝宝餐厅是孩子们最喜欢玩的一个地方，因为这里有吸引他们的美味食品。一天，鹏鹏、颖颖和品品三个小朋友很荣幸地成了宝宝餐厅的客人，他们点了很多自己喜欢吃的食品，但厨师今天上菜有点慢，很长时间才端上了一盘猪肉片，面对美味佳肴，三个孩子别提多开心了，于是纷纷抢肉片吃，没过多久，盘子里的猪肉片就所剩无几了，这时品品急忙拿起剩下的猪肉片准备独自享用，鹏鹏和颖颖看见了很不高兴，说：“品品，你不能都拿走，快放下来，我们也要吃。”

品品说：“就一点了，我先拿到的，当然归我了。”话刚说完就准备将肉片往嘴里塞。鹏鹏和颖颖一起上去扯品品的手，就这样一场争肉风波开始了。三个孩子你推我，我推你，结果颖颖被推倒了，颖颖哇哇大哭起来，小朋友们立刻围上前，郑老师也急忙来到他们身边问：“怎么了？颖颖你怎么哭鼻子了？”

旁边的孩子你一句我一句地向郑老师讲述了事情的原委。郑老师问：“小朋友们，你们觉得这事该怎么解决呢？”孩子们都发表了自己的意见，有的孩子说：“品品这样做是不对的，他太自私了。”也有的孩子说：“他应该把猪肉片撕小点，大家一起分享。”

听了孩子们的意见，郑老师说：“我班的品品小朋友可是个聪明能干的人，他现在肯定知道该怎么做了。”

品品立刻听懂了老师的意思，他把手上的猪肉片分成了三份，每人一份，三个孩子高高兴兴地吃完了肉片。

（三）反思拓展

分享是幼儿不太容易做到的事。因为对于幼儿来讲，分享是不能独占，是把东西给别人，这很容易让他们产生被剥夺的感受，年纪小的幼儿还会误以为东西再也回不来了，所以常常发生争抢之类的行为。

活动一中，明明因不愿与人分享玩具，结果引发了与小朋友之间的矛盾，郑老师及时抓住教育契机，创设了分享玩具的情境，引导明明通过角色换位来体验、感受被别人拒绝的失望心情，感受到分享给别人和自己带来的快乐，最终让明明占胜了自我，踏出了分享的第一步。活动二中，品品是一个占有欲很强的孩子，他只知道个人享受，最后在老师的鼓励和赞许下，也学会了与人分享。

这就告诉我们，对于幼儿的一些自私表现，教师不能强迫他们分享，而应耐心引导和鼓励，利用幼儿园的集体生活让孩子学会与人分享，从而消退自我中心心态，养成大方、不吝啬的良好品质。那么，教师该如何引导幼儿学会分享呢？

1. 有目的地培养幼儿的分享意识

要培养幼儿的分享意识，首先应该让幼儿喜欢教师，愿意亲近教师。幼儿和教师之间互相信赖，彼此信任，为班级营造出一种亲密、信赖、和谐的氛围，从而使幼儿感受到家一样的温暖。为此，在幼儿园的一日生活中，教师要无微不至地关爱孩子们，给孩子梳漂亮的头发，给不会吃饭的小朋友喂饭，像妈妈一样拍着他们入睡，并且通过各种游戏接近他们，从最简单的手指游戏、亲子游戏到有目的的户外游戏，孩子们和教师从互相陌生到熟悉，直到互相合作，一起玩耍，就会逐渐产生深厚的感情。在此基础上，教师再利用日常生活、游戏，在教育过程中通过讲故事、唱儿歌等方法，让孩子们从只关心自己的利益发展到逐步理解他人的困难，学会帮助别人，从而培养幼儿主动关爱他人的意识，逐步学会愿意与人分享。

2. 教师以身作则，树立分享榜样

教师是幼儿模仿的重要对象。教师的日常行为、言谈举止和情感态度随时都对幼儿的发展产生潜移默化的影响。所以，教师在平时要善于抓住一切有利时机为幼儿做好行为示范。如在分发物品时，教师要有意识地将这些物品以分享的形式来进行分发；当自己有了快乐体验时，要以分享的形式讲给幼儿听；当看到幼儿正在玩玩具时，教师可有意识地走过去对幼儿说："我可以和你一起玩吗?"或者说："你可不可以把玩具分给我一些?"当幼儿体验到分享带来的乐趣后，便会自觉产生分享的动机，模仿教师表现出类似的行为。因此，教师必须经常检查自身的言行，为幼儿做出良好的榜样。

另外，同伴也是幼儿观察学习的榜样。教师要在同伴中树立有分享行为的好典型让其他幼儿学习，当幼儿有某种物质分享行为时，教师要作出积极评价和鼓励，这样会激发其他幼儿模仿和学习的热情。

3. 在游戏中让幼儿学会分享

游戏是幼儿一日生活的主要活动，也是幼儿最乐于参与的活动，其内容与形式多种多样，合作分享的机会很多。教师要积极开展丰富多彩的区域游戏活动，让幼儿在与同伴的共同游戏中充分感受集体的温暖，分享与同伴共同合作的快乐，让幼儿懂得必须通过共同商量、友好合作、互相配合，才能使游戏顺利进行下去，才能分享到共同游戏的快乐。

4. 创造分享机会

(1) 设立"分享日"。教师根据实际情况每周设立一个专门的分享日。比如，"玩具分享日"是让幼儿在这一天将自己喜爱的玩具、图画书等带来与别人分享。再如，"经验分享日"是让幼儿在这一天将自己的成功经验和近期完成的作品向他人展示，幼儿在展示和讲述的过程中，既能产生一种成就感，又会产生一种因分享而带来的快乐和满足感，还可锻炼口语表达能力。

(2) 举办“生日会”。当某个幼儿有办“生日会”的需求时，教师可以与家长配合把“生日会”办成一个“分享会”。在“生日会”上，蛋糕、饮料和糖果等将成为小朋友共同分享的食物。教师在主持“生日会”的过程中要有意识地为幼儿创造分享的机会。如教师在请大家唱完生日歌、说完祝词之后，就可请“小寿星”简要谈一谈自己成长中值得分享的故事。然后，请“小寿星”为大家分发生日蛋糕，这是小朋友共同期待的时刻，在这一时刻，大家分享食物，体会着过生日者快乐的心情以及由分享带来的乐趣。

(3) 开设欢乐大舞台。教师每天要为幼儿提供短暂的几分钟，专门开展分享活动。在这一时间段，让幼儿尽可能地把自己拿手的歌曲、舞蹈、诗歌、谜语、故事和笑话等跟其他幼儿分享。这样的分享活动能让幼儿尽展才华，它不仅有利于培养幼儿的分享行为，同时也有助于培养幼儿大胆表现自我的能力，增强幼儿的自信心。

(4) 建立分享活动区。在教室中开辟出一个小小的角落来摆放幼儿从家中带来的玩具。在自选游戏时，幼儿可以随时到这个角区来与小伙伴共同分享自己或他人带来的物品。

5. 强化幼儿的分享动机

幼儿之间的分享经常会带来积极愉快的结果，幼儿情绪愉快，彼此得到满足，同时增进了友谊，这对巩固、强化分享行为进而产生更多的分享行为是极为有利的。因此，教师应以正面引导为主，及时鼓励孩子的点滴进步，以促使孩子的分享行为更加稳定、自觉。常用的强化方式有两种，口头语言强化和行为语言强化。

(1) 口头语言强化。口头语言强化是指教师用适当的语言肯定幼儿的分享行为，强化幼儿的愉快体验，从而激发幼儿再次尝试分享的愿望。例如，在日常游戏中，我们常常看到这样的情景：班上一位幼儿带来一辆新型玩具车，当别的幼儿想与他玩却遭到一次次拒绝时，别的幼儿就会说：“那我以后不跟你好了。”这时，带玩具的小朋友马上感到如果不与别人分享玩具，他就可能失去小伙伴，于是就同意将玩具给小伙伴玩。这时，教师要抓住这一教育时机问他：“和××一起玩高兴吗？”并进一步强化：“有好东西应该和小朋友一起分享才对，你看因为你把玩具分给小伙伴玩，所以你们在一起才玩得那么高兴，你真了不起！”类似的情景发生后，如果教师都能注意及时强化，幼儿在今后就会自觉产生分享的动机和行为。教师在评价时要注意语气、语调，强化时要重点针对行为本身而不是针对本人，这样幼儿才能产生积极的分享行为。

（2）行为语言强化。行为语言强化是指教师运用自己的动作、表情、眼神和姿态等变化来表达对幼儿分享行为的肯定。如当发现幼儿有分享行为时，教师可采取向幼儿点头、微笑、竖起大拇指或用手轻轻抚拍其肩、头等方式，使幼儿因得到教师的肯定而带来快乐和满足，从而在今后更愿意发生类似的行为。以上做法不仅能使幼儿得到正确、适当、长效和深刻的行为强化，进一步加强幼儿的分享动机，同时还有助于幼儿学会注意观察、体会别人的情绪、情感，有助于培养幼儿的社会情感认知。

6. 在一日生活中让幼儿掌握分享的方法

幼儿可能不会在需要分享的时候自发地表现出分享行为，也可能不知道如何选择恰当的分享方法，这就需要教师教给幼儿分享的方法，指导幼儿怎样进行分享。比如，玩具分享日的时候，一位小朋友带来了小汽车，其他小朋友都想玩，抢着和他一起玩。教师要利用这个时机及时组织幼儿进行讨论：玩具只有一个，你们都想玩，那该怎么办呀？经过讨论孩子们会了解到，应该有礼貌地向带小汽车的小朋友借，一个玩完一个再玩。玩的时候应该爱惜，玩完了要及时归还，对于那些不守信用，不爱惜别人玩具的人可以拒绝与他分享。通过讨论，孩子们以后再碰到此类事情时，就知道该怎样做了。通过多次活动后，幼儿便逐渐学会了分享的方法。

7. 建立分享规则

幼儿有了分享意识后，在分享过程中他们之间或多或少还会出现分享纠纷。如由于利益关系表现出不平等的分享行为；玩具少时难以控制自己的行为进行分享；难以协商地共同完成活动等各种问题。所以，要想使幼儿的分享行为持续不断地进行下去，教师就要利用各种方法，让幼儿掌握一定的分享规则，从而使分享得以顺利进行。常用的分享规则主要有以下几条：

（1）轮流分享。即在不同的时间内，大家将分享物品轮换使用。由于幼儿的自我控制能力差，教师可以教幼儿先学会轮流分享的礼仪。如在玩玩具时，教师可以告诉幼儿谁先拿到玩具谁先玩，后来的人想玩可以说："我也想玩这个玩具，你玩一会儿可以让给我玩吗?"这样渐渐的，幼儿就学会了协商，也了解到尊重别人及等待轮换的重要性，知道在什么情况下该实行轮流分享，同时也为幼儿养成遵守秩序的习惯打下了基础。

（2）共同分享。即在相同的时间内，孩子们自愿结合，通过互相间的配合和协调融洽地进行分享，最终使彼此的情感都获得满足，达到合作的目的。如搭积木，大家先商量，然后分工合作。在分享过程中，教师协调关系，引导幼儿与他人合作，强化幼儿分享以及合作的行为，促使幼儿掌握共同分享的规则。

（3）平等分享。3～6岁幼儿的交往大多数都是由利益决定的，所以在分享时常会出现一些不平等的分享行为。如在分享活动中，幼儿常说"你不是我的好朋友，我不给你玩"之类的话。出现这样的问题时，教师可以和幼儿讨论：是不是带来的分享物品只给自己的好朋友玩呢？别人想玩怎么办？当别人把自己的玩具给你玩时，你是不是很高兴？如果别人不给你玩，你是不是很难过？让幼儿通过换位思考，体验、感受别人的心情，从而掌握平等分享的规则。

（4）先人后己分享。将自己的玩具给别人玩，孩子刚开始不易理解，这时教师要引导幼儿用换位法去思考，使幼儿调整自己的行为，与别人分享自己的玩具。

另外，教师要对幼儿表现出的先他人后自己的行为给予肯定，以强化幼儿的分享意识。

8. 在家中培养幼儿的分享意识

在家里学会分享，是幼儿摆脱以自我为中心的第一步。所有东西都应该大家分享，除了一些孩子必需的营养品，家长不要给孩子开小灶；父母吃什么，孩子也跟着吃什么。妈妈分食品时，不要先让孩子挑，而是先给老人。

不要只给孩子买东西。购物时不要只考虑孩子的需要，“我们先去买爸爸要的衬衣，然后给你去挑鞋子，好吗?”“你需要买鞋，爸爸需要买衬衣。爸爸想让你先买鞋，他等一段时间再买衬衣。你该谢谢爸爸。”

家长应该教孩子学会放弃一些自身利益，以满足家人的需要。即使家庭经济比较宽裕，也要这样做，不要让孩子认为他的需要永远是第一位的。

不要让孩子享受最好的东西。孩子的衣着用具，以简单实用为上。花钱买名牌、互相攀比的做法对孩子的发展只会有坏处。

有人说：“如果你把快乐告诉别人，你就会得到两份快乐；如果你把烦恼告诉别人，你就会减少一半烦恼。”让幼儿学会分享，将使他受益无穷。

分享品质的培养是一个循序渐进的过程，它不是一朝一夕就能完成的，也不是光凭说教就能达到目的的，这就需要教师做个有心人，为孩子们创造分享环境，并进行细心指导，帮助孩子从小养成良好的品质，为他们今后成长为有爱心、合群、宽容和谦让的人奠定良好的基础。

积极开展活动，培养幼儿的独立品质

（一）培养幼儿独立品质的重要性

独立品质是一个人独立分析和解决问题能力的综合标志，它是人学会社会生存及进行创造性活动必备的心理品质。“教是为了不教”，叶圣陶先生的这一至理名言道出了教育的真谛，儿童的成长过程就是从一个无助的生物体长成为一个独立的社会人的过程。孩子需要独立，包括独立的意识和独立品质的建立。

幼儿的独立品质对于幼儿个体社会化具有重要意义。独立能力强的幼儿适应能力也会较强，对于环境中出现的各种新事物、新关系和新变化不但能够保持稳定的情绪，而且能够表现出主动、积极的探索倾向，以适应新环境，认识新事物。

现在的孩子大多都是独生子女，个个是家中的“小皇帝”“小太阳”。家长对孩子总是有求必应，无微不至，不论大事小事，都不让孩子插手，对孩子力所能及的事，也舍不得让孩子自己去做。对孩子处处包办代替，很少给孩子创造独立办事的机会，以致造成大多数孩子的依赖性强，独立能力差。

比如，根据一些幼儿教师的观察，发现刚进入小班的孩子，他们中的大部分都不会自己吃饭。用餐时，有的孩子呆坐在餐桌前，有的东张西望。要么叫着“老师，我不会”；要么用小手抓饭。原来，他们在入园前一直是大人喂的。有的孩子由于长期使用纸尿布，不能很好地控制小便，因此天天尿湿裤子。由此可见，现在的孩子十分缺乏独立性。对此，《幼儿园教育指导纲要（试行）》明确指出："要尊重和满足他们不断增长的独立要求，避免过度保护和包办代替，鼓励并指导幼儿自理、自立的尝试。"这说明教育部门对培养幼儿的独立品质十分关注。

从社会发展对人的要求来看，现在比过去更需要培养孩子们的独立能力，孩子需要有自我服务的能力，能够独立地应付社会上复杂的突发事件。随着我国改革开放的深入，迫切需要培养一大批有国际眼光和全球观念的人才。如果缺乏独立品质，孩子长大后怎么能走向社会，与人相处、交往，做好自己的工作呢？孩子缺少独立能力将来就很难生存。

美国心理学家推孟曾对1500名超常儿童进行长期追踪观察，30年后发现，20%的人没有取得什么成就，而这20%没成就的人与其中20%成就最大的人对比，他们最显著的差异并不在智力上，而在于个性品质方面，成就卓著者都是具有坚强毅力、独立能力强和勇往直前等个性品质的人。这表明，一个人要想取得成功，仅有聪明的头脑是不够的，还必须具有独立能力、自制力和坚韧性等良好的个性品质。由此可以看出，培养幼儿的独立品质多么重要。

独立品质是孩子自我成长的一种动力。蒙台梭利经过研究提出，孩子自身有很大的潜力，就像植物一样能够自长，教育者只需要给他提供合适的环境和条件。教师应让家长了解培养孩子独立品质的重要性，以争取家长们的理解与配合。家园应该紧密携手，培养幼儿的独立意识及独立生活能力；培养幼儿的社会适应能力；激发幼儿的兴趣，培养幼儿初步的独立思考能力；创造机会，培养幼儿的自我抉择能力。

（二）经典教育活动案例

活动目标：

（1）让幼儿学会自己穿衣戴帽。

（2）让幼儿学会自己吃饭、自己上厕所，培养幼儿的自理能力。

（3）让幼儿自己收拾玩具，培养幼儿整理用品的习惯。

（4）引导幼儿自己解决问题，培养他们的独立品质。

活动准备：

衣服、鞋子、玩具、抹布、垃圾桶、桌子、饭菜。

活动过程：

活动一

龙海市华侨（实验）幼儿园陈素芬老师班里的悦悦是一个长相甜美、活泼可爱的小女孩，但她的依赖性很强，什么事情都要让老师帮忙，吃饭要老师喂，小便要老师给她脱裤子、穿裤子，午睡时要老师给她脱衣、穿衣，吃完餐点、玩完玩具后要别人帮她收拾餐具、玩具……陈老师让她自己做，她总是以“我不会”或“我不要”来拒绝。

陈老师把这一情况告诉了悦悦的妈妈，悦悦妈妈无奈地说：“是啊，这孩子懒得不得了，什么都要大人帮忙。”看来悦悦缺乏独立能力和她的家庭教育有很大关系，陈老师决定改变她这种不良的习性。

当悦悦让老师帮忙穿衣服时，陈老师教给她方法，让她自己穿。一开始，悦悦还是说不会，陈老师既不生气，也不妥协，一边鼓励她一边耐心教导。这样经过几次穿衣练习后，悦悦终于开始自己穿脱衣服、鞋子了，陈老师趁机表扬了她，悦悦听了非常高兴。

一天下午放学时，悦悦妈妈来接她，悦悦开心地对妈妈说：“妈妈，我会自己穿衣服了。”

“是吗?”悦悦妈妈一边回答着，一边习惯性地把放在书包里的悦悦的外套拿出来，然后给她穿上，在穿外套的过程中，悦悦几次伸手要自己穿，可妈妈几次都把悦悦的手按下去，一边还呵斥她：“我给你穿衣服，你干吗一直动?”

陈老师便走过去对悦悦的妈妈说：“你让悦悦自己穿吧，她会自己穿衣服了。”听了老师的话，悦悦很高兴地走到老师的身边，自己有模有样地穿起了外套，而在这个过程中，悦悦的妈妈几次伸手要帮忙，但都被悦悦躲闪开了。

过了一会儿，悦悦终于穿好了外套，她很开心地抬起头、挺起胸让老师和妈妈看她自己穿的衣服。谁知，还没等陈老师开口，悦悦的妈妈就说开了：“你看你看，这扣子都扣错了，领子也没翻好，下摆也没拉整齐，你真是笨死了，什么都要妈妈来做。”听到妈妈这番话，本来满脸笑容的悦悦马上耷拉下脑袋，一脸沮丧。

看到这个情景，陈老师终于明白了悦悦为什么依赖性这么强，这完全是她妈妈造成的。于是，陈老师抽时间和悦悦妈妈进行了深入的谈话，希望她以后能够多放手让孩子做力所能及的事情，否则一味包办下去，孩子将来很难立足于社会，悦悦妈妈也作了深刻的反省，表示一定会按老师的要求去做。这次谈话后，悦悦在增强独立能力上有了很大的进步，自己会吃饭了，也会穿衣服了，有时在收拾玩具的时候，哪个小朋友要来帮忙，她小嘴一努，说："我自己会做！"然后乐颠颠地自己忙活开了。

活动二

午饭的时间又到了，陈老师一边忙着给孩子们分菜，一边叮嘱他们去洗手，准备吃饭。谁知，还没等陈老师把菜分完，第一组那边就传来了叫声："老师，景景把菜打翻在桌子上了。"陈老师只好停下手里的活，来到第一组。

"菜怎么会打翻到桌子上呢?"陈老师没有马上用抹布擦掉菜汤，而是问起了原因。

文文马上用手点着景景说道："是她弄翻在桌子上的。"

乐乐说："老师刚分好菜后，景景就用手去扳，所以就洒了。"

"哦，那怎么样才不会把菜弄到桌子上呢?"陈老师又问道。

"不要用手去扳。"瑶瑶轻声地说着。

"拿菜时要轻轻的，不要拿得太高。"恬恬也连忙说。

"那菜弄到桌子上了，该怎么办呢?"陈老师接着问。

"用抹布擦掉。"正在拿菜的婷婷抢着说。

"我去拿抹布。"犯了错的景景马上跑到一边。但由于抹布挂得太高，景景蹦了两下没取到，陈老师过去帮她拿了下来。景景去擦桌子，乐乐把垃圾桶拿过来接到桌子下面，一会儿工夫就把桌子上的菜汤擦干净了，陈老师什么都没做，孩子们自己就解决了问题。

（三）反思拓展

从活动一悦悦穿外套这件事可以看出，造成悦悦独立品质差的原因不在于悦悦本身，而在于悦悦妈妈。不是悦悦懒，自己的事不愿自己做，而是妈妈一味地包办代替，根本就没给悦悦锻炼的机会。而且，当悦悦偶尔自己做事时，妈妈不应该用挑剔的眼光来评价孩子的劳动成果，把孩子的独立品质扼杀，而应该多用赞赏、鼓励来对待孩子的劳动成果。

这一现象在刚入学的小班的孩子中表现得尤为突出。父母关注的重点往往集中在喂养上，他们总是想方设法让孩子吃得多，吃得好，睡得好。这是对的，也是非常重要的，但还有一点更重要，却容易被很多父母忽视，就是孩子独立品质的培养。父母应多给孩子锻炼的机会，让他们学会自己的事情自己做。

而活动二中的事情在幼儿园发生的也很多，常有孩子将饭菜扣翻，但大多时候都是老师帮孩子擦掉，陈老师却没有这样做，而是抓住机会，让幼儿通过自己的讨论解决问题，以获得相关的一些经验。事实上，在生活中很多事情都很有教育价值，教师不应一味地帮孩子解决，而应该抓住这些教育时机，引导幼儿进行讨论、探索和尝试，让幼儿在真实的事件中学习解决问题的方法，以此丰富幼儿的生活经验，提高幼儿的独立能力。

独立品质是孩子自我发展的一种内在动力，也是孩子要想得到终身发展的重要素养，但在幼儿教育中，有些教师和家长像上面案例中悦悦的妈妈一样受传统教育影响较重，对孩子的独立品质缺乏应有的认识，往往把孩子看成是大人的附属品，结果助长了幼儿的依赖性，束缚了幼儿的个性成长和全面发展。那么，教师应该怎样培养幼儿的独立品质呢?

1. 在实践中培养幼儿的独立意识

2～3 岁的幼儿的自我意识开始萌芽，言语和动作发展迅速，对周围世界的认知范围扩大。因此，教师要通过各种形式让幼儿知道，自己已经长大了，要慢慢地学会自己的事情自己做。幼儿的独立意识是在实践中逐步培养起来的。

2. 积极组织活动，培养幼儿的独立生活能力

教师和家长要注重对孩子进行生活习惯和独立自理能力的培养、教育。在开学前，教师可以对每位孩子进行家访，了解孩子在生活方面的能力，向家长教授一些简单的培养幼儿生活自理能力的方法。当幼儿入园后，再积极展开生活教育。

比如以主题活动“小手真能干”开始对幼儿进行自理能力的培养。教师可以通过歌曲《大拇指》《我有一双小小手》以及用颜料印小手等活动，让幼儿了解自己的小手很能干，鼓励幼儿自己的事自己做。

再如，在区角游戏中，通过让幼儿“给娃娃喂食”，使孩子亲身感受到用小勺的乐趣；在“扣一扣”“夹一夹”和“串一串”等活动中帮助幼儿学习尝试自我服务的能力……刚开始学习时，小班的孩子可能会存在一定的依赖性，这时教师应采用让幼儿“试一试”的方法，鼓励幼儿积极尝试，孩子们就会逐渐地不再需要老师的帮助，能独立完成任务。

良好的自我服务能力的培养是以幼儿的感受体验为基础的，是幼儿主动参与的过程。教师应根据幼儿的年龄特点，设计幼儿乐于接受的活动，激发幼儿的学习兴趣，发挥幼儿的主动性和积极性，把幼儿生活自理能力的培养寓于各种活动中。教师可以根据孩子的兴趣和能力因势利导，引导幼儿从身边的小事做起，由易到难，教给幼儿一些自我服务的技能，如学习自己洗手、刷牙、穿衣服等，通过小事给幼儿创造很好的锻炼机会，无形中增强幼儿的独立生活能力。

3. 激发兴趣，培养幼儿的独立思考能力

教师不仅要培养幼儿独立动手做事情的能力，还要培养幼儿独立动脑筋想问题的能力，就像陈鹤琴先生所说“凡是幼儿自己能够想的，就应该让他自己去想”。教师不仅要利用一切时间来丰富幼儿的知识，还要不断给幼儿提出问题，让他思考。让家长尊重孩子的好奇心，注意创造机会培养孩子独立生活和独立思考的能力。

通常情况下，教师会觉得让幼儿独立思考有一定的难度。其实幼儿在游戏活动中，就已经有了思考的兴趣，特别是对身边熟悉、常见的事物。比如“有趣的汽车”主题活动，活动的目的是丰富幼儿对汽车的认识，让他们在思考、尝试中了解各种汽车的形状、颜色和用途，让他们通过自己探索，找到各种汽车的不同秘密，积累一定的经验。吃糖果是幼儿最喜欢的一件事了，在“甜甜蜜蜜”主题活动中，教师组织幼儿进行吃糖果的探

索活动，让幼儿自己观察糖果的外衣，比较外衣的不同撕开口，说说自己剥糖的经验，在自主的探索活动中寻找属于自己的答案。这样，幼儿在活动中不仅收获了知识，还学会了独立思考。

4. 创造机会，培养幼儿自我抉择的能力

自我抉择能力是独立品质中最重要的一个方面。有的家长经常说孩子有主意不好，应该听大人的，实际上，孩子有主意是件好事，应该给孩子创造机会，让他自己拿主意。为了培养幼儿的独立品质，教师应该在凡是可以让幼儿参与讨论做决定的事情上都让幼儿参加，给幼儿创造机会，培养幼儿自己做选择和处理问题的能力。

比如在“美丽的秋天”的主题活动中，需要装扮教室，于是教师和孩子讨论，让孩子说说可以怎样布置，孩子们提出用树叶、水果、花来装扮。这次游戏活动成了幼儿自主的游戏，教师只是和孩子一起商量游戏的规则，而把自我抉择的权利给了幼儿，培养了幼儿独立思考、自我选择和处理问题的能力。

5. 因材施教，分层培养幼儿的独立能力

幼儿之间存在着个体差异，对于具有较强独立意识的幼儿，教师要给他们创造更多探索周围世界的机会，让他们在主动活动中获得知识和技能，发展思维能力和解决问题的能力；对于独立意识较弱的幼儿，就应相对降低标准，不可强求，更不可鄙视，必须因材施教。独立品质的培养是一个长期的过程，需要循序渐进地进行，教师切不可急于求成，对孩子的发展作出过高的、不合理的要求，也不能因为孩子一时没有达到要求，就横加斥责。

6. 通过表扬强化幼儿的独立行为

在培养幼儿的独立品质时，教师应经常运用有效表扬的方式来强化他们的行为。对他们做出的努力给予充分的肯定，并鼓励和要求他们克服困难，坚持自己独立做事，为幼儿的自主和独立发展创造民主、宽松、愉快的气氛，尊重幼儿自主成长的要求，让幼儿有较多的机会自我表现，独立

完成任务，自由玩耍，并通过此过程学会协调自己的感知，发展自己的思维，组织自己的语言，调节自己的情绪和行为，形成自己对事物的判断，进而形成自己独特的思想、行为方式，成为独立自主，具有健康人格特征的现代儿童。

7. 家园联合，有效提高幼儿的独立性

家长的一言一行对幼儿起着潜移默化的作用。如果家长用错误的言行对幼儿施加影响，那就会抵消教师在幼儿园内施行的教育，造成幼儿思想的混乱，达不到教育的目的。因此，教师应与家长密切配合，经常沟通，幼儿园可以利用家访、书信、开放日、家长会等形式，和家长统一思想，统一步调，以保持家园教育的一致性，达到最佳教育效果。

（1）家长要给幼儿正确的爱。怎样才是正确的爱呢？当然是要教育爱，不要溺爱。有些人总认为爱孩子就应该满足孩子的所有愿望，孩子想要什么就给什么，想干什么就让他干什么，在这种百般迁就和放纵下，孩子会变得非常任性和自私，在任性的温床中，一切不良品德得以滋生，最终会造成个人和家庭的不幸和悲剧。教育爱则是在爱孩子的同时，不忘严格要求。严格要求并不意味着对孩子严厉、动辄就训斥打骂。成人对孩子的要求首先应是合理的，提出来的要求就应坚定不移地要求孩子做到，但是态度应该是耐心的、循循善诱的。

孩子的事情尽量让孩子自己做主。如孩子每天穿什么衣服，颜色如何搭配，不要以成人的眼光来要求，只要孩子认为好看就可以了；还可以在同伴和孩子一起玩过家家时，注意听他们说什么，留心孩子转换角色后是怎样处理事情的，不要怕把房间弄脏弄乱而不让孩子在家里玩，更不应不让孩子和同伴来往，不应限制他们的活动，应让孩子学会自己做主。

（2）家长应让孩子主动参与。从两三岁起，孩子就事事喜欢自己做，总要找机会做成人不让做的事，如果成人阻拦就要反抗，表现得很任性，这时成人应给予适当引导，不要生硬地加以禁止，成人替孩子包办得越多，禁止得越多，孩子的依赖性就越强，独立性也就会越差。

当家长做一些事情，如做饭、洗衣服、摆放餐具时，如果孩子表现出浓厚的兴趣，表示他很想参与进来帮点忙，这时家长不要嫌麻烦，应尽量让他帮着做。能够完成一项工作对孩子获得独立感和成就感是很重要的。要让孩子独立完成一项工作，必须耐心清楚地加以示范，将其分解为简单的动作，如穿衣服、系鞋带、叠被子等一些生活技能，示范完毕后，要孩子自己尝试，家长可以用轻拍他的肩膀等动作，鼓励他独立尝试并坚持下去，并对他加以表扬和赞赏，使他更有成就感。

（3）家长应以身作则。家长要给孩子树立独立自主的好榜样。榜样的力量是无穷的。如果家长是一个处处依赖他人、对什么事都拿不定主意、动不动就寻求帮助的人，那就不要指望孩子能够独立自主。家长的一举一动，还有家长的品质，都是孩子模仿和学习的榜样。所以，要培养幼儿的独立品质，家长就先从自己独立自主做起。

未来是属于孩子的，孩子未来的路要靠他们自己去走，未来的生活要靠他们自己去创造。因此，教师要循序渐进地、耐心地引导幼儿，多给幼儿自己去尝试、体验的机会，培养幼儿的独立品质。在培养过程中，教师应积极鼓励幼儿的每一点进步，以帮助他们树立自信，使他们具有较强的社会适应能力和心理承受能力，可以去勇敢地面对问题、解决问题。

创设快乐氛围，培养幼儿的乐观品质

（一）培养幼儿乐观品质的重要性

在幼儿园里，当教师对刚入园不久的十名幼儿说“你们的爸爸妈妈今天要加班，可能晚一点才能接你们”时，有8名幼儿表示没关系，可以边玩边等家长，他们不但玩得开心，还为可以吃到教师准备的美味晚餐而雀跃；另外二名幼儿则把摆在面前的“问题”看成是“世界末日”的到来，他们放声痛哭，一遍又一遍地喊着：“妈妈为什么不来接我，我要找妈妈……”

这种情况在幼儿中很常见，大部分人可能会认为这是家长过分溺爱孩子造成的，其实这是人们没有看到事情的关键、认识事物的本质。孩子为什么承受不了一点点挫折呢？因为他们用悲观的态度看问题，只会用哭发泄心中的恐惧，心里只想自己很可怜而不动脑筋想办法去解决问题。所以孩子们的乐观教育呼唤家庭和幼儿园的参与，孩子乐观、向上的心理品质要靠父母和教师共同培养。

在当今竞争日益激烈的社会，比知识更重要的就是人的心理品质了。相对知识来讲，心理品质的培养在一定程度上仍然处于被忽视的地位。面对纷扰的世界，用积极的心态去面对是非常重要的。注意培养孩子的乐观品质，对孩子的一生都将产生不可估量的益处。

那么，什么是乐观呢？乐观指的是人们在面临困难时精神愉快、充满信心的一种状态。它既是一种情绪，也是一种性格，更是一种品质。调查显示，乐观的幼儿不仅能在短时间适应新的环境，而且性格开朗、善于交往，朋友多，爱好多，是让老师和家长放心的好宝宝。所以教师在教育幼儿时，要有意识地培养他们的乐观品质。

（二）经典教育活动案例

活动目标：

（1）通过鼓励和赞扬的话语，消除幼儿的悲观不自信情绪。

（2）创设机会，让幼儿学会乐观面对困难，敢于尝试新事物。

活动准备：

精心组织区域集体活动，故事书。

活动过程：

活动一

有一天，江西省大余县水城幼儿园李敏老师的班里来了一个叫阳阳的小朋友，到了班里以后，阳阳既不和老师说话，也不和其他小朋友说话，更不和小朋友们一起玩，每天都是阴着脸上幼儿园，一副不高兴的样子。老师让他做什么事，他从来都是摇头。为此，他的父母很担心。阳阳这样一直不说话怎么办？李老师看在眼里，急在心里。

为了让阳阳喜欢上幼儿园，李老师每天都以最热情的态度迎接他。每天早上见到他，李老师都主动向他问好："阳阳早上好！"上课时，李老师鼓励他起来回答问题；户外活动时，李老师主动拉他去玩，让和他熟悉的小朋友带他出去玩；午饭时，李老师会特意问问他喜欢吃什么，吃完饭，会问他吃饱没有。就这样，李老师每天都要拿出几分钟的时间和阳阳交流，看到阳阳有一点儿进步，就及时给予表扬和鼓励，但即使这样，阳阳还是不说话，不回答。李老师没有泄气，而是每天继续坚持。终于有一天在户外活动时，阳阳跑来对李老师说："老师，你看，我穿的是爸爸新给我买的衣服。""你看，他穿的衣服和我的一样。"阳阳指着另外一个小朋友说。"是啊，阳阳的衣服真漂亮！"李老师夸奖道，阳阳快乐地跑到一边玩去了。

从此以后，阳阳变得爱出来玩了，也爱说话了，上课时还能大声地唱，大声地回答问题，有时还和小朋友抢着说话，成了班里的快乐小精灵。

活动二

小颖是李老师班上一个文静又秀气的小女孩。平时，她不太愿意主动与人交往。活动中从来都不愿意举手发言，叫到她时，她也不愿意开口说话。她的情绪很不稳定，经常耷拉着小脸，抿着小嘴，一声也不吭，好像对什么都不感兴趣。

这孩子怎么回事啊，整天闷闷不乐的样子？李老师有点纳闷，于是到小颖家家访。通过和家长交流，李老师了解到，小颖从小由奶奶带大，奶奶为了她的安全，什么事情都不让她去做，小颖是在奶奶的全心呵护下长大的。再加上父母工作比较忙，很少有时间在家照顾她，使得小颖养成了内向不爱说话的性格，面对困难不敢去尝试，还没做就认为自己不行，总是要求别人帮忙。“看来这孩子有些悲观，必须想办法转变她的这种不良个性，否则对她以后的成长会不利。”李老师心想。

有一天，到了讲故事的时间，李老师对小颖说：“小颖，你来给大家讲个好听的故事，行吗？”小颖一听就慌了，她忸忸怩怩地站起来，低着头，牙齿紧咬着嘴唇，什么也不说。其他的小朋友都鼓励她，李老师也对她说：“小颖，你只要说几句就行了！”小颖还是不愿意。无奈，李老师只好请别的孩子讲。

谁知，第二天还是这样，而且一连几天都是这样，但李老师不放弃，有一天小颖终于答应第二天来讲故事。到了第二天，李老师先和小颖随意地谈了一会儿，让她知道：一个人说话要算数，说过的事情就要做到，要讲诚信。然后李老师请小颖来讲故事，小颖站了很长时间都没开口，李老师就微笑着向她点头示意“你能行的”。终于，小颖开口讲了两句，虽然声音很轻，可却是不小的进步。

过了两天，小颖穿了条漂亮的新裙子。“小颖今天可真漂亮！”早上，李老师注意到她衣着的变化，马上热情地赞扬。“这是我妈妈给我新买的。”小颖一反常态，高兴地告诉老师。“是不是有点大呀？”“对呀，妈妈说这样明年还能穿的。”小颖脸上带着开心的笑容。在活动中，李老师一直观察着小颖，发现她的情绪很高涨。李老师尝试请她回答问题，她一点儿也没有不开心的表情，大大方方地回答了。

上午吃过点心后，李老师一边给小颖梳头，一边和她说话，问她家里的一些事。小颖说了很多。她还乐呵呵地告诉老师："昨天爸爸和我玩球了，他的技术还不如我呢，我都会转身拍球了!"后来，每个老师见了小颖都说她像变了一个人似的。是啊，小颖是变了，变得活泼可爱了，变得落落大方了，变得乐观自信了。

（三）反思拓展

在幼儿园里，我们可以发现一部分幼儿活泼、开朗、大方；也有一些幼儿胆小、自卑、怯懦，比如上面活动中的阳阳和小颖。这两种不同个性的孩子在游戏、自由活动、体育和美工等活动中表现出不同的特点。活泼开朗型幼儿表现为喜爱集体活动，在各项活动中表现活泼、情绪愉快；喜欢自己同时也喜欢别人，愿意帮助别人，也愿意接受别人的帮助；乐于与他人合作，遇到困难不退缩，对自己的成功感到高兴；有浓厚的学习兴趣，喜欢新鲜事物，求知欲强；上课积极举手发言，敢于发表自己的见解，喜欢提问；注意力集中，思维活跃，表现欲强。而自卑怯懦型的幼儿则表现为要在较长的时间才能适应集体生活，情绪不太稳定，时而高兴，时而难过；不能正确评价自己，缺乏信心，不能主动帮助别人，也不寻求别人的帮助；喜欢独自游戏，惧怕尝试新任务，害怕做不好或被别人批评；学习兴趣单一，不喜欢探索，不愿意做不感兴趣或较难的事；上课很少举手发言，不愿意发表见解，喜欢附和别人；注意力涣散，不敢在集体面前表现自己。

生活就是一面镜子，你对它哭它亦哭，你对它笑它亦笑。乐观是"一种性格倾向，使人能看到事情比较有利的一面，期待更有利的结果"。也许有些孩子天生就比较乐观，有些孩子则相反，但心理学家发现乐观品质是可以培养的，即使有些孩子天生不具备乐观品质，也可以通过后天的努力来养成。那么，教师怎么培养幼儿的乐观品质呢?

1. 创设快乐氛围，感染幼儿

（1）教师要保持快乐情绪。幼儿教师是孩子们最直接的示范者，教师的言行、对待事物的态度都影响着孩子。也许教师的某句话、某个动作会影响孩子一天的情绪，甚至伤害到孩子幼小的心灵。因此，教师要有意识地以愉快、喜悦的情绪去感染幼儿；应对孩子充满挚爱之情；应该站在孩子的角度观察事物、思考问题，以适合孩子的情感体验。教师本身应该对生活充满无限的乐趣，乐于敬业与奉献。如果每个教师都能沉浸在欢乐和幸福之中，那么这种美好的感受就会溢于言表，从而感染到身边的孩子。

(2) 创设宽松的氛围。教师应创设一个自由、平等、和谐的环境氛围。活动室的环境布置要优美洁净，充满新奇感，使孩子能产生快乐感，从而身心愉快，这对陶冶孩子的性情能起到很好的作用；经常播放一些轻松舒缓的音乐对缓解孩子的紧张情绪有一定的作用；给孩子讲一些笑话、小幽默，能使孩子轻松愉快。

教师要时刻把孩子视为一个独立的人，给予孩子足够的自由度，另外，还要经常与孩子进行朋友式的沟通。在教育幼儿时，必须尊重他们，说服他们，采用正面教育的方法。说话时应注意用语、语气，比如说“请你们去喝水”“请大家坐端正”“你真棒，画得真不错，如果再多选些颜色就更漂亮了”等，在情感上把孩子当大人一样尊重，在心理上把他们当做孩子来理解，让他们自然产生积极情绪。教师每天都应该给予孩子格外的关注和呵护。

(3) 恰当满足幼儿的需求。幼儿有生理和社会心理的种种需求，有些需求如果是合理的，教师就应当给予满足，这样可使幼儿情绪稳定和愉快。有时幼儿表达不清自己的需求时，教师必须细心体察、了解，随后正确对待。

2. 在游戏中培养幼儿的乐观品质

喜欢游戏是幼儿的共同特点。游戏为每个幼儿提供的机会是均等的，在游戏中，他们是主人，能够根据自己的想象和意愿来创造、指导游戏。他们可以扮演不同的角色，想胜则胜，想败则败，想说什么就说什么，想干什么就干什么，没有压制，没有约束，他们心情放松，认识到自己的力量，这有利于乐观品质的培养。

有的幼儿在教师面前往往表现得很拘束，因此，教师在幼儿游戏时可以暂时远离，当他们玩得高兴时，再加入其中，并对大胆游戏的幼儿进行表扬，使他们懂得大胆游戏不仅可以得到快乐，也是教师所希望的。有的幼儿比较内向，不愿意和其他小朋友一起游戏，教师可以扮演角色加入游戏中，如教师可以扮妈妈，幼儿扮孩子，玩“娃娃家”的游戏，然后带幼儿去“医院”“菜市场”，并根据幼儿的表现，适时改变角色，如果发现幼儿非常投入地进行游戏，就可以改变角色，成为“医生”与“病人”及“售货员”与“顾客”的关系，与幼儿对话，启发引导幼儿表达出他内心的想法与要求，这样幼儿就可以自然地加入游戏中了，这样，在游戏中幼儿可以自觉地与其他幼儿建立一种亲情关系，从而形成活泼乐观的品质。

3. 在教育活动中培养幼儿的乐观品质

学龄前儿童离开父母的呵护，到幼儿园过集体生活，表现得胆小、怯懦是极为普遍和正常的。性格是人在适应和改造环境中不断得到塑造的结果，人在幼儿阶段的可塑性极强，教师应抓住这一关键期，为幼儿提供锻炼的机会，使他们树立起自信心，形成乐观的品质。

在幼儿园里，回答教师的提问对幼儿来说就是一个很好的锻炼机会。首先，教师要以积极的语言，亲切的态度，为幼儿创造宽松宜人的教育环境，使幼儿感到心情舒畅，对教师提出的问题跃跃欲试，没有顾虑。其次，在提问幼儿时，要面向全体幼儿，不能只提问“受宠”的幼儿。性格内向的幼儿往往因害怕答错被别的小朋友讥笑而不敢举手回答，这时教师应选择一些简单的问题引导他们回答，使他们获得成功的喜悦，并注意少讲“××最聪明”“你说得不对”之类的语言，多用“想想看，你说应该怎么办”之类的启发语。如果幼儿回答得不正确，教师也不能责怪、讥笑他，而应该首先表扬他能大胆回答问题，然后再指出他的意见为什么不对，这样不仅保护了幼儿的自尊心，而且培养了幼儿的乐观品质。

4. 在日常生活中培养幼儿的乐观品质

乐观的品质不是一朝一夕培养出来的，因此我们应该从日常生活中的点点滴滴做起，利用每一个机会对幼儿进行教育。

在现代家庭中，有90%以上的孩子都是独生子女，独门独户的现代住宅把幼儿牢牢地锁在了家里，与幼儿做伴的是电视机、积木、电动玩具和图书等，长期的独处会使幼儿感到压抑、苦闷，造成性格孤僻、内向、暴躁。因此，教师应提醒家长，幼儿在家时，应尽量放下手中的活，关掉已打开的电视机，或带着孩子走出孤独的空间，到大自然中去，观察四季交替带来的一系列变化，观察了解社会上一些积极与消极的事情，引导幼儿谈一谈自己的看法；或安排孩子与年龄相仿的幼儿一起玩各种有趣的游戏，如“骑车比赛”“夹玻璃球比赛”“娃娃家”等，以发展幼儿的交往能力，提高幼儿的语言表达能力和适应环境的能力，使幼儿体验到与人交往合作是一件快乐的事情；或邀请孩子的朋友到家中做客，但事先要先教给幼儿接人待物的基本方法和礼节，如对小客人要热情、有礼貌，要拿出好吃的食品、好玩的玩具与小客人一起分享快乐，与小客人发生争执时要学会谦让等，然后根据幼儿的能力，家长或配合或让幼儿单独接待他的客人。

另外，在日常生活中，教师和家长还要教育孩子不屈不挠，使孩子形成抗挫折的能力。活泼乐观的人一样也有情绪低落的时候，但不同之处在于他们能很快地恢复过来。做父母的应教育孩子，任何困难都能克服，只要不屈不挠、勇往直前，便能化难为易。遇到幼儿心情不好时，教师和家长可采用迂回的方法，如引导孩子听音乐、看书、加入别人的谈话及游戏等，帮助孩子学会快乐。

5. 寻找孩子身上的优点，鼓励幼儿形成乐观的性格

每个幼儿都有自己性格上的优缺点。性格内向的幼儿通常显得细心但不自信。比起那些性格开朗的孩子，他们的内心更脆弱，像是一个很薄的玻璃杯，一碰就碎。因此在教育过程中，教师应注意不要将幼儿的优缺点进行横向比较，只能进行纵向比较，把他们的现在和以前做比较，用欣赏的眼光看待孩子的进步，用勉励的话语鼓励他们的进步。尤其对那些性格内向、不合群的孩子，只要他们有进步，教师就要不失时机地对他们进行鼓励，通过趁热打铁的方法加快他们进步的步伐，帮助他们养成活泼开朗的性格。

时代的发展已不容许教师用昨天的眼光来看待今天的孩子，用昨天的方法来实施今天的教育。教师要努力跟上时代的步伐，必须用全新的教育理念去塑造今天的孩子，让孩子在“快乐中学会快乐”，快乐每一天。

榜样示范，培养幼儿的勇敢品质

（一）培养幼儿勇敢品质的重要性

在日常生活中，有的幼儿与人交往时常用“点头”“摇头”来表达自己的愿望；在集体场合中不敢主动要求参加活动；游戏中自己有不同想法时，不愿主动发表意见和建议，尤其在大庭广众之下更是羞于开口；“在家里无法无天”的幼儿到了幼儿园却判若两人，不敢离开父母，不敢与老师说话，活动中不敢大声回答老师的问题；有的幼儿认为自己在某方面不如别的小朋友，不愿与小朋友交流……这种心理被称之为“胆怯”。

胆怯是幼儿心理懦弱的一种表现，是一种常见的心理反应，是幼儿对无危险情境的畏惧与退缩倾向，是一种与勇敢相反的性格意志品质。

现在的幼儿，特别是一些独生子女，胆怯现象越来越严重。如何消除孩子的这种胆怯心理，让他们变得勇敢起来，成了一些父母的心病。不少父母在谈到孩子胆怯时，常常忧心忡忡，一筹莫展，担心孩子不敢大声说话，忧虑孩子难诉委屈，将来不能成大器，怕孩子可能不会保护自己，健康会受影响。为此，教师要树立正确的健康教育观，在重视幼儿身体健康的同时，重视幼儿的心理健康。的确，身体健康固然重要，但心理健康更为重要，因为它更容易被忽视，同时也更能影响幼儿的一生。

著名心理学家弗洛伊德认为，早期的心理健全对一个人未来的发展非常重要，3～6 岁是人生成长的关键时期。教师如果能抓住这个教育关键期，及时给予幼儿帮助和矫治，实施与其发展相适应的心理健康教育，将会取得事半功倍的效果。如果教师不重视纠正幼儿的胆怯个性，任其发展，就会让孩子变得畏缩、孤独，难以适应环境，从而影响能力的培养，妨碍其身心的健康发展。

因此，幼儿教师必须更新观念，正确认识幼儿的胆怯问题，对他们进行正确的引导，耐心的指点，并采取行之有效的方法，以帮助这类幼儿克服胆怯的不良心理，培养他们敢于面对困难的勇敢品质，让孩子的身心能够得到健康发展。

（二）经典教育活动案例

活动目标：

（1）提高幼儿的生活能力。

（2）增进幼儿与同伴、教师之间的交流，使幼儿提高交往能力。

（3）通过活动，培养幼儿热情、大方的性格。

（4）通过活动，培养幼儿勇敢的品质。

（5）引导家长正确教育孩子，让孩子大胆地说、跑、跳。

（6）克服幼儿在众人面前缺乏自信、不敢言语的心理障碍。

活动准备：

巧克力、彩色铅笔、画纸、跳绳、开水桶、水杯、插塑玩具。

活动过程：

活动一

幼儿园开学的第一天，来了很多新的小朋友，小宇就是其中一个。当妈妈抱着小宇跨入班里时，他却撕心裂肺地哭了起来，王老师急忙走上前说："小宇，来，让老师抱抱！小宇真乖。"但无论王老师怎样哄劝都无济于事，小宇双手紧紧勾住妈妈的脖子，哭得大汗淋漓，全身颤抖，直哭得他妈妈的泪水夺眶而出，最后妈妈哽咽着道歉："老师，我们明天再来吧！"

为了不让这种事情再次发生，王老师当天就对小宇进行了家访。王老师带去了他最爱吃的巧克力和带玩具的小食品，这次小宇虽然也退缩到一边，不敢跟老师接触，但并没有哭，王老师觉得这是一个良好的开端。

后来几天早上，小宇都是被妈妈硬"塞"进王老师怀里的，妈妈一转身，他就开始哭，王老师用尽各种办法，终于让他不哭了，但他却仍是一言不发。为了使小宇尽快融入新的环境，不再害怕集体生活，王老师每天都主动地去亲近他、摸摸他，经常和他说说话，但小宇仍然保持沉默，只是用目光与老师交流。

一天上午，王老师组织班里的幼儿画主题画《我的家》。小宇盯着彩色铅笔似乎想画，一直观察他的王老师立刻启发他："请小朋友们把家里所有的人都画出来！让老师认识一下。"小宇终于动笔了，他画了奶奶和姥姥。看到小宇用绘画这种方式说出了自己的心里话，王老师感到很欣慰，觉得这是一个不小的进步。

在庆元旦的时候，园里组织了很多活动。王老师请小宇参加跳绳比赛，小宇低着头不说话，王老师就鼓励他，说他那么聪明，一定会跳得很好。在王老师的再三鼓励下，小宇最终答应了参加比赛。在小宇练习跳绳的时候，王老师请其他孩子一起帮助他，主动跟他说话、跟他玩，还有意识地安排了一名勇敢大方的孩子作为他的邻座同伴。

这样，小宇一天天地融入小伙伴当中，不再害怕说话，不再害怕参与集体活动，慢慢变得活泼开朗了，每天都和小朋友们有说有笑的。老师提问时，有时他还把手举得高高的，再也不是从前那个胆小怯懦的孩子了，变得越来越勇敢了。

活动二

开学的第一天，王老师就注意到班里有一个叫萌萌的小女孩似乎特别内向，很老实，于是就对她进行了仔细观察。

画面一：孩子们喝水时，全班小朋友都去了，萌萌还安安静静地坐在小椅子上。王老师走到她身边温和地说："你快去喝水吧！"她这才慢慢起身，来到开水桶旁边。看着别的小朋友你争我抢地拿杯子接水，她悄悄躲在了一边，不敢靠前。等所有的小朋友都接完水，她才慢慢地、很小心地走到水桶边，接水时手还微微地颤抖。

画面二：上课时，孩子们都积极举手发言，大声讨论。萌萌却端端正正地坐在小椅子上，一动不动，一节课一句话也不说。每当王老师微笑地注视她时，她总是不好意思地赶紧躲开老师的目光。

画面三：在玩插塑玩具的时候，孩子们互相交流，大声谈论，甚至将老师分给的玩具合在一起玩。萌萌则默默地玩她的那几片积木。别的小朋友抢她的积木，她也不反抗，没有玩具，她就呆呆地坐在那里。

根据萌萌的表现，王老师认为她的心理出现了一些问题，害怕和别人交流，遇事喜欢退缩和回避，这是一种胆怯的表现。王老师知道自己必须帮助孩子克服这种心理。

首先，王老师调换了萌萌的座位，安排一位能力较强的女孩和她在一起，并要求这个孩子多帮助萌萌，等萌萌慢慢适应和这个女孩子的交往以后，再引导班上的其他孩子主动和她交往，同时王老师向其他小朋友提出："凡是每天主动与萌萌玩的将获得一次优先选择游戏的机会。"结果，每天都有很多孩子凑到萌萌跟前和她玩。

其次，增加个别交往的机会。像萌萌这样的孩子，由于缺少与别人的有效交流与互动，许多交往方法都需要学习。为此，王老师为她创设了更多的与其他孩子交往的机会，给她特殊的"权力"，只要她喜欢玩的活动，王老师都让她玩儿，并让她喜欢的小朋友陪着她；在她犯错误需要纠正时，王老师只是委婉地指出，之后再抱抱她，亲亲她，以保护她的自尊心。

此外，在家里，王老师要求宠爱萌萌的奶奶做到：一是让孩子放开手脚，大胆地说、跑、跳。因为萌萌的奶奶对她溺爱过度，以致限制了她的活动自由和交往自由，使得她不习惯和他人交往，并最终形成了胆怯的性格。二是让孩子自己的事情自己做，如自己穿衣、自己整理书包等，让萌萌从中体验到成功，感受到"我也行"，从而产生自信。三是教萌萌学习与人交往。交往方法需要学习，在幼儿园要学，在家里同样也要学。因此王老师要求奶奶有机会多与萌萌交流，让孩子学习见了熟人打招呼，鼓励孩子与相识的同伴一起玩等。每天下午，当奶奶来接孩子时，王老师会向她了解萌萌在家里的活动情况，对于奶奶做得不妥的地方或遇到的困难及时给予指导。

这样，经过一年多的努力，萌萌的个性有了很大改变。她每天都高高兴兴地来幼儿园，见了老师主动问好；做游戏的时候，没有了退缩、畏惧的表现，而是主动干这干那，不会的就跑去问老师；活动时积极举手发言，遇到老师的目光不再躲避，有时还与老师进行目光交流，与班里的小朋友相处得越来越好。

（三）反思拓展

分析小宇和萌萌的种种表现，很明显他们都属于胆怯的孩子，面对外界事物，他们心里总有一种“不敢”“不行”“不好”的消极内心体验，这种感觉如果长久发展下去，会使幼儿形成自卑、焦虑和敏感的性格，越来越害怕面对外界事物，这种性格还将对他们的一生产生不良的影响。

孩子胆怯并不是天生的，而是家长教育不当或孩子在探索世界的过程中遇到的挫折使其感到害怕而造成的。教师要想纠正他们的这种不良心理，关键是先弄清原因，然后再实行有针对性的教育策略，这样才能使孩子变得勇敢起来。具体方法如下：

1. 帮助幼儿树立自信心

幼儿胆怯的最根本原因是缺乏自信，所以，要让幼儿克服胆怯心理，培养他们的勇敢品质，必须先帮助他们树立自信心。

首先，教师和家长要相信孩子，支持孩子，放手让幼儿独立地完成一些简单的任务，使孩子在发展过程中始终保持一种乐观向上的情绪，并且充满自信。教师和家长都应注意培养幼儿各方面的能力，如穿衣服、系鞋带等；对于幼儿的点滴进步，要给予表扬和充分的肯定，让幼儿经常体验到成功的愉快，从而增强幼儿的自信心。

其次，教师和家长对幼儿的评价要多持积极肯定的态度。因为幼儿对成人的评价有一种不加考虑的信任态度，所以成人对待幼儿的评价适当与否，会直接影响幼儿的发展。一些成人常会对幼儿进行“你是个笨蛋”之类的消极评价，这样做肯定会打击幼儿的自信心。

每个幼儿都有自己的优点和长处，教师和家长要善于发现幼儿的优点，及时给予表扬，使幼儿能看到自己的长处，体验到快乐和满足，从而激发他们继续上进的愿望，增强其自信心。但教师和家长也应该注意，对幼儿时时表扬、处处表扬，让幼儿整天生活在赞美声中也是不可取的，因为一旦幼儿受到挫折，就会变得灰心、怯懦。所以，教师和家长要恰如其分地对幼儿的行为进行表扬。

最后，教师要给胆怯的幼儿创造表现机会。在幼儿园里，回答问题对幼儿来说是一个很好的锻炼机会。一些胆小的幼儿往往因为害怕答错被别的幼儿笑话而不敢举手发言。这时，教师可以选一些非常简单的问题引导他们回答，使他们获得成功的喜悦。如果幼儿回答得不正确，也不要否定，不要责怪，而是首先表扬他能大胆地表达自己的意见，然后再指出他的不对。这样就会增强他的勇气，使他下次敢于举手回答问题。

2. 通过榜样示范培养幼儿的勇敢品质

幼儿是通过观察和模仿来学习的。幼儿学习和模仿的对象可以是现实生活中的人，也可以是故事、电视剧中的主人公。直观生动的形象容易为幼儿所接受，为此，教师可以创设条件，进行榜样示范，以勇敢、无畏的情绪感染幼儿，来消除他们的胆怯心理。

首先，可以利用文艺作品中的正面形象来教育幼儿，通过看图讲述《我是勇敢的小强强》、游戏活动“上课大声讲”、故事《吃药打针我不怕》等一系列活动，强化幼儿的勇敢品质。同时，教师和家长一定要严于律己，从日常生活的每一件小事做起，起到榜样示范作用，试问：看见一条毛毛虫，妈妈或老师先惊叫着跑开，却要求孩子勇敢对待，这现实吗？所以教师和家长一定要齐心协力地进行言传身教，这样才会让幼儿在潜移默化中受到教育。

其次，以同龄人为榜样，可以更有效地帮助幼儿消除胆怯心理，培养勇敢品质。如孩子不愿参加体育活动，教师就可以用身边的事例及时地鼓励他：“看，×××小朋友多棒，皮球拍得多好，真神气！”鼓励胆小的幼儿去试一试。

总之，榜样的作用是无穷的，教师要把握时机，进行适当引导。

3. 在游戏中培养幼儿的勇敢品质

失败会引起幼儿的胆怯心理，而成功会增强幼儿的自信心。在教育实践和日常生活中，有些幼儿不敢尝试有难度的或新的动作，这是因为孩子胆子小，自愧不如别人，害怕和别人比较，害怕失败。所以教师要想方设法鼓励每个幼儿都有勇气来学，让孩子跌倒了爬起来，失败了再重来。

同时，教师还要选择适合幼儿年龄特点、幼儿感兴趣的游戏活动，如表演游戏、角色游戏、攀岩和远足等，在丰富多彩的游戏活动中训练幼儿的技能，磨炼幼儿的意志，在反反复复的实践中让幼儿获得成功的体验，经受失败的磨炼，从而培养勇敢的品质。

4. 让幼儿敢于承认并改正错误

敢于承认并改正错误也是勇敢品质的一种表现。有的孩子在生活中自理能力强，在体育活动中也表现得很勇敢，可是一旦犯了错误，就不愿承认，不接受批评，表现出抵抗情绪。对于这种幼儿，教师要善于引导，当他改正了错误后应及时予以表扬，让他真正体会到做错了事情敢于承认并改正才是一个勇敢的好孩子。

5. 让幼儿理解勇敢的真正含义

勇敢不等于莽撞和冒险，有的孩子喜欢做一些自己认为很勇敢但却比较危险的事情。这时，教师除了要及时阻止幼儿的这种冒险行为之外，还应该让幼儿了解其中的危险性，要教给幼儿一些安全知识和自我保护的方法，让幼儿了解勇敢和冒险、莽撞的区别，认识勇敢的真正含义。

总之，在竞争激烈的社会，一个不胆怯、事事都能勇敢面对的人才能战胜困难，不被社会所淘汰，但幼儿勇敢品质的养成不是一个故事、一个活动就能解决的，它需要教师长期不懈的努力。因此，在教育工作中，教师要有耐心，通过组织各种活动，根据不同原因，有针对性地实施策略，让幼儿从胆怯走向勇敢，将他们培养成敢作敢为的一代新人。

设置挫折情境，培养幼儿的耐挫折品质

（一）培养幼儿耐挫折品质的重要性

一个美国孩子摔倒了，母亲说：“宝贝，自己站起来!”然后用鼓励的眼神望着孩子，直到孩子自己站起来。

一个非洲孩子摔倒了，母亲没有说话，只在孩子旁边反复模仿摔倒并站起来，以无声的实际行动教孩子自己站起来。

一个中国孩子摔倒了，母亲马上跑过去，扶起孩子，不停地说：“宝贝，别哭，摔着没有?”有的还直跺地面：“都怨地不好，让宝宝摔倒了，妈妈打地，宝宝乖!”于是，孩子不哭了。

在以后的日子里，美国的孩子独立坚强，从小就学会了照顾自己；非洲的孩子也能自己照顾自己，从小就离开父母去闯生活；而中国的孩子似乎永远生活在父母的“保护伞”下，不敢独自面对生活中的挫折。

让孩子学会面对挫折，应付挫折，会让孩子生活得更好。父母过多的保护往往使孩子的翅膀越来越软弱。

在人生浩瀚的大海中，挫折是汹涌澎湃的海浪，拍打着生命之舟从起航到彼岸。生命之旅无坦途，挫折是每一个人要面对的问题。无数的事例已经证明，能否正确地对待挫折，将会影响一个人的人生之路。3～6 岁的幼儿迫切希望与同伴交往、交流。在这期间你会发现他们犹如一个社会人，特别是在游戏中，扮演着不同的社会角色。随着幼儿角色的增加，交往次数的增加，遇到的挫折也就会随之增加。因此，对幼儿进行挫折教育十分必要。

挫折指人们所要达到的目标或需要的满足受到阻碍时，因无法克服困境而产生的紧张状态和情绪反应。培养幼儿的耐挫折品质，就是在科学的教育思想指导下，根据幼儿身心发展和教育的需要，利用和创设某种情景条件，提出某种难题，启发和促使幼儿动手、动脑来解决问题，使他们养成了解常识、勇于克服困难、敢于经受挫折的习惯，从而引导幼儿逐步摆脱依赖，形成对环境的适应能力和对挫折的承受能力。培养挫折品质的重要性在于：

（1）挫折教育能够激发幼儿的潜能。（2）挫折教育能打击幼儿的骄傲情绪。（3）挫折教育能够使幼儿真正享受成功的喜悦。（4）挫折教育能够使幼儿更好地适应今后的学习和生活。

孟子说："天将降大任于斯人也，必先苦其心志，劳其筋骨，饿其体肤，空乏其身。"由于幼儿受身心发展水平的限制，可塑性强，但知识和经验匮乏，心灵稚嫩纯洁，更容易遭受失败和挫折。在实施挫折品质培养时，教师应该注意以下几个问题：

（1）必须注意适度和适量。（2）在幼儿遇到困难而退缩时要鼓励他们，让他们看到自己的能力，从而更有信心地面对新困难。（3）对陷入挫折情境中的幼儿要及时进行疏导。

（二）经典教育活动案例

活动目标：

（1）通过用筷子夹不同的、有难度的物体，让幼儿感受到挫折。

（2）引导幼儿正确面对挫折，培养幼儿的耐挫力，磨炼他们的坚毅品质。

活动准备：

（1）钉子、光滑的石头、乒乓球、弹球、圆形积木、玩具、小方形玩具（沉的）若干，装有一半水的金鱼缸四个，装有一半水的雪碧瓶四个，筷子、小篓子若干，奖品，场景布置。

（2）活动前和家长联系，介绍该活动，请家长在活动中能正确引导幼儿面对挫折。

(3) 15 名中班幼儿与家长参加。

活动过程：

为了培养幼儿的耐挫力，南京市市级机关幼儿园的赵雪、夏金芳两位老师组织幼儿家长开展了一场别开生面的亲子活动——“勤劳的小乌鸦”。活动内容如下：

师：小乌鸦们，我们去找自己的爸爸和妈妈吧！

(教师播放音乐《小乌鸦爱妈妈》，幼儿们又喜悦又害羞地扑向了自己的爸爸妈妈)

师：小乌鸦非常爱自己的妈妈，你们爱自己的爸爸、妈妈吗？

幼：爱！

师：那好，今天我们来做小乌鸦，学会关心自己的爸爸和妈妈，自己到外面去找吃的再送回家，好不好？

幼：好！

(说完很多幼儿都站了起来，跃跃欲试，教师往金鱼缸里放小方形玩具)

师：我们到前面的草地上看看有什么好吃的？找到后用筷子夹起来，回家送给你们的爸爸和妈妈，放进他们手中的篓子里。

幼：水里有好多彩色的小虫子啊！

(幼儿跑了过去，用筷子开始夹，有的夹得快，有的夹得慢)

师（鼓励夹得慢的幼儿）：别着急，看准了夹。

当幼儿将夹好的玩具放进爸爸、妈妈的篓子里时，家长便夸奖：“宝宝真能干！谢谢你啊！”

师：老师好开心，这么小的东西，又在水里，你们都能夹出来，真能干，老师给你们鼓鼓掌。

(幼儿咯咯笑)

师：我们再去找找看，还有什么好吃的？

师（重新添撒圆形积木和玩具）：这些吃的东西在水里有点滑，你们害怕困难吗？

幼：不怕！

幼：我们很勇敢，才不怕呢！

师：很好，那我们就去找更多好吃的吧！

（这时，有的幼儿总夹不起来，有的刚夹起来就滑掉了）

师：就要夹起来了，再努力。

家长：宝贝，没关系，再试一次。

师：小朋友们，你们在夹的时候有没有遇到困难，你是怎么想的、怎么做的？

幼：我发现方形的好夹，圆形的不好夹，我就夹方形的。

师：你很能干，圆形的肯定也能夹起来，试试看。

家长：宝宝是不怕困难的，你肯定行。

幼：我开始夹不起来，但我不怕困难，一直在夹，就夹起来了。

幼：我也发现方形的好夹，圆形的不好夹，但我不怕困难，一直夹圆的，后来等它不动的时候就把它夹起来了。

师：很多小朋友不怕困难，虽然圆形的很难夹，但他们能一直坚持，直到把它夹起来，老师和爸爸妈妈给你们鼓鼓掌。这一次我们要到远一点的地方去找吃的，爸爸妈妈看到你们这么能干，也来帮助你们，他们会在中途有白线的地方等你们，把你们夹回来的东西用筷子夹接过来，放进篓子里，东西掉地可以夹起来继续。

（开始很多幼儿刚夹起来，钉子就滑掉了）

师：别着急，想想办法。

家长：没关系，只要努力肯定能夹起来。

（受到老师和爸爸妈妈的鼓励后，很多幼儿找到了好办法，夹粗的一头，但也有幼儿去夹水里别的容易夹的东西）

师：看，很多小朋友都夹起来了，你试一试，只要努力肯定能夹到。

幼：妈妈，你夹好，别掉下来。

幼：爸爸，我夹到钉子了。

师：我来问问爸爸妈妈，你们的孩子有没有害怕困难？

家长：我的宝宝不怕困难，妈妈真高兴。宝宝，加油啊。（边亲自己的孩子，边鼓励）

师：我们又要出发了呀，（边说边放乒乓球）这是什么好吃的啊，又圆又滑，你们能夹出来吗？

幼：能。

师：好，大家加油啊！

（有个幼儿夹不起来，急得一会儿夹这个，一会儿夹那个）

师（蹲在他的旁边，摸摸他的头）：别着急。

（有的幼儿夹不到乒乓球，就去夹玩具）

师（一边演示一边说）：我不怕困难，我夹乒乓球，呀！夹起来了。我们一起来吧。哪些小乌鸦夹到了？哪些小乌鸦没有夹到？

幼：我夹到乒乓球了，开始太滑了，我夹不到，后来我一直努力就夹到了。

幼：我没夹到。

师：那你心里感觉怎么样啊？

幼：有点难过。

师：你是不是一直努力地去夹？

幼：嗯！是的。

师：你有没有害怕困难啊？

幼：没有，我一直夹，可夹不上来。

师：你虽然没夹到，但你没有害怕困难，一直坚持，也很能干，我们给你鼓鼓掌，努力，下次肯定能行！

师：这次好吃的东西又大又重，很难夹，你们害怕困难吗？

幼：不怕。

师：这次爸爸妈妈和你们一起来夹，看谁能夹到。

幼：哈！太好了。

家长：宝宝，加油，看，像妈妈这样夹。

家长：没关系，夹的时候手要用力。

家长：夹不到没关系，宝宝努力了，你是最棒的。

幼：妈妈，我比你夹得快了！

师：好了，请问谁没夹到石块？感觉怎么样？

幼：我没夹到，但我不难过，我回家练，肯定能夹到。

幼：我也没夹到，但我一直在努力夹。

师：很好！今天小乌鸦们真能干，遇到挫折和困难时，没有人害怕，能努力地争取成功，爸爸妈妈和老师都给你们鼓掌。小乌鸦和爸爸妈妈都累了，口渴了想喝水，前面的瓶子里有水，可是水太浅，小乌鸦的嘴巴够不着，怎样才能喝到水呢？

（赵老师往瓶子里放石头，水就溢出来了）

师：现在宣布游戏规则，大家分成四队，小朋友们站在自己爸爸妈妈的前面，在水里夹一样东西放进瓶子里，赶快回来把筷子递给第二人，哪队的瓶子里的水先漫出来，哪队就赢了。

一幼儿夹圆形积木掉了三次，每次从地上夹起来都很困难。她的爸爸一直耐心地跟在后面鼓励："媛媛，加油！没关系，看准夹。爸爸在陪你，你能行！"

师：我们一起给媛媛小朋友加油。

一幼儿妈妈夹的石块掉地上了，一夹就滑掉，刚想用手拿。幼儿看见了在旁边喊："妈妈，加油啊！"

师：我要特别表扬媛媛小朋友，她不怕困难坚持完成了任务，她们这队也得了第一名。现在我们给不怕困难的小乌鸦发奖品。

幼儿拿着奖品到处展示，嘴里还自豪地说："这是我不怕困难得到的。"

（三）反思拓展

幼儿园的孩子正站在人生的起点，今后的路还很长很长，必定会遇到无数的风风雨雨、坎坎坷坷。教师应为幼儿设置障碍鼓励他们勇敢跨越，让孩子从小就养成自信、独立、自强的坚毅品质。在以上的活动过程中，两位教师遵循了家园同步的原则，巧妙设置多种挫折提高幼儿的耐挫力，培养了幼儿的耐挫折品质。

培养幼儿的耐挫折品质，应在科学的教育思想指导下根据幼儿身心健康发展的需要，循序渐进，坚持不懈地进行。那么，教师应如何实施挫折教育、磨炼幼儿的耐挫折品质呢？

1. 增强幼儿战胜挫折的自信心

当幼儿真正面临困难、遭遇挫折时，教师一方面要及时进行心理疏导，让幼儿在困难面前冷静下来，鼓励他们鼓起勇气、树立信心、想方设法克服困难；另一方面还要给他们以方法上的指导，让他们找出困难出现的原因，逐步学会解决问题的方法。

当幼儿经历了一次挫折过程并获得成功后，教师应该及时进行表扬，因为幼儿的自信心大多来自教师、父母及周围人对他的赞美。及时的表扬能巩固挫折教育的成果，强化幼儿战胜挫折的行为，提高幼儿继续尝试的勇气和信心。

2. 鼓励幼儿在活动中锻炼意志

教师应该鼓励幼儿多参加各种活动，进行体能上的锻炼，以磨炼他们的意志。例如，鼓励他们争做值日生，为集体做事；冬季来临时，鼓励他们早起晨跑、晨练，磨炼他们与严寒作斗争的意志和毅力；在家里，鼓励他们做一些力所能及的小事；家长利用节假日带孩子徒步郊游、爬山、逛公园等，让幼儿体验劳累、艰辛，体会生活中除了甜，还有苦和辣，使他们在各种环境下经受挫折和磨炼。

3. 实施挫折教育要适度

挫折教育的目的是让幼儿在体验中学会面对困难并战胜挫折，它不仅包括吃苦教育、生存教育、社会教育、心理教育，也包括独立、勇气、意志及心理承受力等方面的培养，但对幼儿的挫折教育不是越多越好，因为幼儿毕竟年龄还小，心理发育还未完善，心理承受力比较脆弱，过多的挫折容易使幼儿形成自卑、软弱的心理。

在培养幼儿耐挫折品质时，教师一定要注意，不能对幼儿提出过高的要求，要根据幼儿的年龄特点和兴趣进行培养。否则，幼儿在压力面前会产生强烈的挫折感，经常笼罩在这种挫折感中会损害他们的心理健康。

4. 重视游戏的作用，提高幼儿的抗挫能力

游戏是幼儿喜爱的活动，通过各种游戏培养幼儿的耐挫折品质，能收到良好的效果。教师可以有目的、有计划地设计一些让幼儿经受挫折的活动，使幼儿亲身经历一些困难，碰一碰钉子，或将挫折教育融入游戏中，便于幼儿理解。比如，障碍赛跑、远足活动等都能锻炼幼儿的意志品质，

在这些游戏活动中，幼儿通过积极参与尝试，能不断地积累战胜困难的经验，从而提高对挫折的承受能力。教师还可以组织幼儿进行唱歌比赛、游戏比赛、绘画比赛、手工比赛等，对获胜的幼儿给予精神和物质上的奖励，让输的幼儿经受失败并找出原因和承认失败。

在设置障碍游戏时，教师应该注意幼儿的年龄特点、心理承受能力和理解水平，把握好一些困难和问题的难度，鼓励幼儿试着去做。例如，对于3岁的幼儿，教师可以设计将玩具藏起来，让他们寻找；将鞋子反摆、衣服反放，让幼儿去纠正错误等。对于4～5岁的幼儿，教师可以设置情境，如在街上与家人走失，让幼儿想方设法解决。对5～6岁的幼儿，教师可以模拟日常生活中出现的难题，让幼儿开动脑筋，根据已有的生活经验，经过自己的努力克服困难、完成任务，如玩角色游戏、社会性游戏等，通过活动与游戏让幼儿学会正确对待输赢，帮助幼儿及时调整心理状态，提高抗挫能力。

5. 因材施教，给幼儿量身制订教育方案

能力较强的幼儿平时听到的大多是赞扬声，因此常常自信满满，这时，教师不能一味地采用赏识教育，不断扩大幼儿的优点而忽略他们的缺点，要适时针对幼儿的缺点设置一些挫折，有时需要打击一下能力较强的幼儿的自信心，以增强他们对挫折的抵抗力。对能力稍弱的幼儿，教师应及时发现他们闪光点，鼓励他们树立信心，勇于面对挫折。

6. 树立榜样，对幼儿进行正面教育

在幼儿遇到挫折时，为他们树立正确的榜样，利用榜样的力量增强幼儿的抗挫折能力。因为榜样的力量是无穷的，教师可以适时地给幼儿讲一些有关挫折的故事，给幼儿讲述伟人成长的经历、故事。这些故事听得多了，可以让幼儿感觉到人生的过程就是不断战胜困难、战胜挫折的过程，和伟人比起来，自己遇到的困难和挫折实在算不了什么。

另外，教师还应当注意自己在日常生活中的一言一行。因为教师对待挫折的态度及良好的个性、品德等都会对幼儿起着潜移默化的熏陶和教育作用。教师必须以身作则，给幼儿做出榜样，并用自己的亲身经历和生活

体验教育、引导幼儿，使他们认识到，理想是美好的，但要实现理想是不容易的，经受挫折是现实生活中的正常现象，是不可避免的。

7. 利用家庭氛围，引导幼儿积极面对挫折

在幼儿眼里，父母非常高大，无所不能。家长的一言一行时时刻刻在潜移默化地影响着幼儿，家长在困难和挫折面前所表现出来的态度对幼儿的影响非常大。假如父母有坚韧不拔的性格，碰到困难百折不挠，孩子在敬佩父母的同时，也会模仿父母，增强克服困难、战胜挫折的信心。所以，教师应该多与家长沟通交流，当家长遇到困难和挫折时，不要在幼儿面前表现出恐慌、惧怕和退缩，一定要冷静勇敢。利用日常生活的细节也可以培养幼儿的勇敢精神，如可让孩子一起做家务劳动；处理某些家庭问题时让孩子参与讨论；当家里遇到棘手的问题时，家长不能慌张、急躁，要镇定自若，并且告诉孩子："我们遇到了一些困难，但相信一定会有办法解决。"通过父母对待挫折的态度、反应行为等对孩子进行潜移默化的影响。此外，在对孩子进行挫折教育的过程中，还要注意培养轻松愉悦的家庭气氛，比如在一些事情上可以让孩子来选择，而不是家长为孩子决定一切，应该让孩子在选择中悟出道理。

人在一生中不可能一帆风顺，困难和挫折在所难免。对幼儿进行挫折教育，使其经历一些挫折，受到一些磨炼，以培养良好的心理素质和耐挫折品质，有利于其将来更好地适应社会。不过，幼儿耐挫折品质的形成需要一个漫长和复杂的过程，不可能一蹴而就。教师应当结合幼儿的日常生活，循循善诱，持之以恒，以期最终达到对幼儿进行挫折教育的目的，培养幼儿不怕困难、坚韧不拔和顽强进取的坚定意志。

挫折教育是全面实施素质教育的一个组成部分，让幼儿学会面对挫折，有利于克服独生子女的娇气和骄气，有助于培养幼儿坚强的毅力，使其形成良好的个性品质。因此，对幼儿实施挫折教育不仅很有必要，而且应不断加强，以便他们将来更好地适应未来社会的挑战，拥有强劲的翅膀，能在人生的天空里自由翱翔。

抓住教育契机，培养幼儿的宽容品质

（一）培养幼儿宽容品质的重要性

一次，强强追打小敏，老师忙过去制止，谁料强强理直气壮地说："他刚才惹我了，妈妈说，谁惹我，我就打他。"

明明和亮亮两个小朋友正在喝水，明明不小心把水洒到了亮亮的身上，亮亮马上把正在喝的水全都倒在明明身上。老师问亮亮："为什么这样做？"亮亮说："他把水洒在我身上，我也得洒他身上。"

以上案例中的行为尽管还不是幼儿行为的主体，却也屡见不鲜。面对这种现象，我们不禁感叹：这样的孩子成了人人无法接触的小刺猬，他们长大以后如何与人相处？由此可见培养幼儿宽容品质的重要性。

宽容是一种大度、一种豁达、一种谅解、一种尊重，学会宽容待人是一种美德。

宽容的力量是惊人的。《将相和》故事中的蔺相如不计前嫌，用自己的宽容之心感化了老将廉颇，二人终于成为知交，共同为赵国的发展立下汗马功劳；诸葛亮七擒七纵孟获，最终使孟获心悦诚服，心甘情愿为诸葛亮效力。这都是宽容的力量。

拥有一颗宽容的心对于幼儿个性的发展以及良好人际关系的建立，都有着非常重要的意义。富有宽容心的幼儿往往心地善良，性情温和，惹人喜爱，受人拥护。而缺乏宽容心的幼儿，往往性情怪诞，易走极端，不易与人亲近。在日常教育活动中，教师要重视对幼儿宽容品质的培养，教幼儿学会宽容，培养幼儿宽广的胸襟。

宽容的品质是社会的需要。未来社会的许多工作都需要人们通过协作去完成，这就必须让幼儿从小就学会与他人交往、协作。教师可引导幼儿在与人交往的过程中学会自如地表达自己的意见并处理交往中出现的各种矛盾，让幼儿在不断地协调、适应中学会如何与他人和谐相处与协作。

教师对幼儿要宽容，不能处处以条条框框约束他们，而应用理解和宽容来认可幼儿的纯真天性，引导、培养和发展他们的个性。孩子都有爱玩的天性。在玩耍中，他们学会了与人相处，模仿伙伴为人处世的方法，形成忍让、宽容、合作等人际交往的优良品质和性格，这是儿童自我发展的需要。如果教师违背正常的幼儿成长发展规律，管束过严，将会让幼儿形成两类性格：一类天性较内向的，会变得胆小怕事，没有自信心，敏感自卑，创造能力差，不会与人交往；另一类较倔强的幼儿则形成逆反心理和反抗性格。

（二）经典教育活动案例

活动目标：

(1) 让幼儿学会原谅他人。

(2) 培养幼儿宽容待人的良好品质。

活动准备：

纸袋、纸条、石头。

活动过程：

一天，小明把同伴小宁的玩具飞机的机翼弄断了，小宁哭了起来，小明则低着头站在一旁。

老师问："小宁，你怎么啦？"

小宁一边抹泪一边指着小明说："老师，他又弄坏我的飞机了！"

这时，一群小朋友围了过来。

一名小女孩说："是啊，小明最坏了，他以前还把我的布娃娃丢下楼！"

一名小男孩说："对，他不是好孩子，他以前还打过我！"

另一小女孩说："他是坏孩子，有一次他把我画的画扯坏了！他很坏的！”

“对，我们以后不要跟他玩了。”

看着小朋友们叽叽喳喳地诉说小明以前的“恶行”，老师很吃惊，因为他们对同伴缺乏应有的宽容。当请幼儿谈谈自己对同伴的认识时，很多幼儿首先想到的往往是同伴的不足，如不守纪律、打人、不好好吃饭、被老师批评等，对同伴的优点却很少提及。教师不禁自问：当幼儿满脑子都是同伴的缺点时，如何能建立良好的同伴关系呢？

无法宽容他人的幼儿往往会一直以挑剔的眼光看待同伴，可能会认为自己比别人高明，而不被他人宽容的幼儿则可能会感到受到排挤，对一直指责自己的幼儿怀有怨恨之意。长此以往，会导致班级内同伴关系的紧张，不利于幼儿的成长。为了让幼儿学会宽容，教师设计了以下教育活动：

教师说：“小朋友们，老师现在有一个问题。”

“老师，快说，快说，是什么问题？我要第一个回答。”一幼儿马上回答。

“老师想问大家，你们有讨厌的人吗？”

有的幼儿不吱声，有的幼儿点点头，还有的幼儿一一数出自己不喜欢的人的名字。

接着，教师发给每个幼儿一个纸袋，说：“今天，我们来玩一个游戏，请你们把自己所讨厌的人的名字写在一张纸条上，也可以用符号代替。每天放学之后，请大家到路边找一些石头，回去把这些写着名字的纸条贴到石头上。把你非常讨厌的人的名字，贴在大一点的石头上；一般讨厌的，贴在小一点的石头上。每天，你都把‘讨厌的人’放进这个袋子里，带到幼儿园里来。听明白了吗？”

“明白了！”

幼儿们都觉得教师布置的游戏很有趣，放学后，他们都抢着到处去找石头。第二天一早，幼儿们都带着装了石头的袋子来到学校，你一言我一语地相互讨论……

时间一天天地过去了，第三天、第四天、第五天……有些幼儿袋子里的石头越装越多，他们自己几乎都提不动了。

“老师，拎着这些石头来幼儿园好累啊！我都快累死了！”一幼儿开始抱怨。

教师笑了笑，对他说："那你就放下这些石头吧，以后也不要往里面放石头了！"

其他幼儿都很诧异，纷纷问："老师，我们为什么不收集石头了呢？"

"小朋友们，如果我们讨厌一个人，就等于在我们自己的心头加了一块石头。讨厌的人越多，我们就越累。所以，你们说我们应该怎么办？"

"我们应该不再讨厌别人。"

"我们小朋友之间应该互相关爱。"

"老师，我们以后不打架了。"

……

"小朋友们可真聪明！其实我们每个人都会犯错误，只有大方地看待别人的错误，才能原谅别人。如果一直生气，就像大家每天背着石头一样，是一种负担。希望大家以后学会宽恕别人，不要把小事儿记在心上，因为宽容就是卸下心中的石头。记住了吗？"

听了教师的话，小朋友们都点点头，之后，他们之间更加友爱了。

（三）反思拓展

在带班过程中，教师常常遇到幼儿间发生打闹的现象，他们轻则哭一场，重则一方或双方受了伤，而追究起来无非是因为谁碰了谁一下或争抢玩具等小事引起的。《幼儿园快乐与发展课程》对幼儿提出了"尊重、赏识他人，有宽容心"的发展目标，这个目标就是为了培养幼儿学会与人相处、交往，学会怎样做人。

宽容是一种良好的品质，但是在当今的幼儿当中，这种良好的品质似乎越来越缺少了，这不仅影响他们个体身心的健康发展，而且也会造成幼儿难以适应处处需要合作、协作的未来社会的发展要求。那么，教师应如何培养幼儿宽容待人的良好品质呢？

1. 创设宽容的环境

在日常教育活动中，教师应该为幼儿创设尊重、赏识的环境，让每个幼儿都感受到被尊重、被赏识，从而学会尊重、赏识、宽容别人。比如，每个班上都有一个展示全体幼儿作品的地方，教师可以引导全班幼儿评价、欣赏每一件作品，这样可以使幼儿增强自信心的同时，学会欣赏同伴，明白人各有所长的道理。

除了外在的环境，和谐美好的精神环境更为重要。教师与幼儿之间、幼儿与同伴之间友好相处，互相包容，会形成一种良好的氛围，而生活在这个集体中的幼儿就会在内心埋下善良的种子，渐渐养成宽容的品质。

2. 引导幼儿体验他人的感受

幼儿不会宽容他人，原因之一就是幼儿不会站在他人的立场考虑问题。因此教师应该引导幼儿体验不被宽容时的感觉。首先，教师可以引导幼儿进行换位思考，即通过体验相同情境下的情绪表现来理解和体验他人的情绪情感。如请幼儿思考，如果自己不小心伤害了别人，而别人不原谅自己，以后也不和自己玩了，那自己的感受如何？通过类似的换位思考，使幼儿能站在他人的立场体验他人的感受，从而能宽容地对待同伴。其次，精选一些故事、儿歌等文学作品，利用文学作品的感染力，引导幼儿体验不被他人谅解的痛苦及宽容带来的欢乐。

3. 帮助幼儿理解宽容的内涵

教师应因势利导，帮助幼儿理解宽容的内涵。宽容的品质作为概念，幼儿是难以理解的。这需要教师在具体的教育活动中、具体的事件中因势利导，不失时机地及时加以引导，使幼儿领悟宽容的内涵。

例如，一位教师带操时，身后的小朋友踩了教师的脚后跟，教师笑眯眯地说："哦，老师走得太慢了。"小朋友则赶忙说："老师，对不起。"后来踩脚后跟的事还发生过几次，每次教师都微笑着对小朋友说："老师走得太慢了。"这时，教师和小朋友们都会发出一阵会意的笑声，这种和谐的场面让幼儿感到轻松而愉快。活动中，小朋友们之间的小摩擦时有发生，教师要引导他们相互说声"对不起""没关系"。"没关系"作为口语是很简单的，但要使它变成一种宽容的品质，却并不容易。这就需要教师从点滴小事做起，细心引导，让宽容的品质在幼儿的心田茁壮成长。

4. 给幼儿展示的机会

让幼儿展示各自的强项，使他们认识到每个人都有自己的优点和强项，从而赏识、尊重他人。教师应该给幼儿提供更多的展示机会，如请语言能力强的幼儿给小朋友讲故事，请组织能力强的幼儿带领小朋友玩游戏。幼儿自己也会自发地显示各自的才能，如自理能力强的幼儿会主动帮助同伴穿衣、叠被；领悟能力强的幼儿会把老师教的本领传授给别的小朋友等。在这些活动中，幼儿会渐渐明白一个道理：每个人都有优点、强项，要互相学习，互相帮助，互相包容。

5. 善用幼儿犯错的教育契机

利用幼儿“犯错”的契机，使幼儿明白人人都有可能犯错的道理，培养幼儿的宽容心。幼儿在生活中难免会有过失，这时，教师要善于把握时机，循循善诱，不仅使犯错误的幼儿改正错误，同时也诱导其他幼儿正确对待同伴的错误，学会原谅、宽容同伴的过失。

6. 利用优秀的文学作品培养幼儿的宽容品质

优秀的文学作品是培养幼儿宽容品质的重要资源。根据调查，3～6岁的幼儿特别喜欢听故事，容易被故事的情节所感染，喜欢模仿故事中人物的行为，因此教师可以通过选择优秀的故事来培养幼儿宽容的品质。

例如，在故事《花脸虎的喷嚏》中，花脸虎因为感冒打喷嚏没有捂住嘴巴，结果让小熊掉进了河里，让小猴从树上掉了下来，把鸟妈妈的孩子从树上震到了地下还摔断了翅膀。虽然花脸虎做了这么多的错事，小动物们却没有责怪它，还为花脸虎做了药，帮助花脸虎治病，同时，他们用婉转的语言提醒花脸虎说：“下次打喷嚏的时候一定要捂住嘴巴。”

通过讨论，幼儿知道花脸虎不是有意要做这样那样的错事的，都是因为感冒打喷嚏没有捂住嘴巴，才引起了这些后果。同时，幼儿们都为小动物宽容的品质所感动。他们说：“我们应该向这些小动物学习，如果别人不是有意做错事，我们要宽容他们、原谅他们，并且帮助他们改正错误。”

可见，优秀的文学作品能够陶冶幼儿的情操，培养幼儿的宽容品质。

7. 榜样的作用

马卡连柯曾经指出："成人在教育孩子之前，首先应该检点自身的行为。"为此，要培养幼儿的宽容品质，教师应该具有宽容品质。

教师是引导幼儿形成宽容品质的重要力量。为了给幼儿树立良好的榜样，当幼儿间发生冲突时，教师应向幼儿展示正确的处理方式，尽量不使用对幼儿产生消极影响的语言，如"你又这样啦""你怎么老是这样呢"等，避免给幼儿消极的暗示。在幼儿对同伴产生无意的伤害行为时，教师应尽量不对过失方进行严厉批评，而应冷静地引导幼儿复述事件的过程，找出引起伤害行为的原因，提出解决问题的建议和日后应注意的事项。

教师得体的举止、宽容大度的生活态度对身边的幼儿的影响是非常大的，对幼儿宽容品质的形成起着潜移默化的作用。

8. 坚持家、园和社会协调一致的教育原则

教育影响的一致性表现在家庭成员对孩子的教育态度、教育要求要一致，也体现在幼儿园、家庭和社会各方对幼儿的要求必须一致。如果教育不一致，就会使教育影响互相抵消，正确的要求不能得到贯彻和巩固。目前，家庭教育中就有两种现象影响了教育效果。一是父亲严厉，母亲慈祥。有的孩子犯了错误受到父亲的指责，母亲却出来袒护。二是父母严格，老一辈溺爱。像这样的家庭教育，不仅会使家长的威信受到一定的损害，也会使孩子无所适从。

要使家庭和幼儿园的教育同步，双方要相互沟通、相互交流。只有家庭成员之间、家园之间要求一致、态度一致、方法一致，才能使各方面的教育因素汇合成一支强大的教育力量，促进幼儿健康成长。

培养幼儿的宽容品质并非一蹴而就，需要家长与幼儿园和社会的互相配合，目标一致，长期坚持，持之以恒，仅靠教师引导不行，只靠家长熏陶也不行，而要把这种教育贯穿于家庭、幼儿园、社会等孩子学习生活的方方面面。只有家、园、社会三者紧密结合，形成教育合力，才可奏效。

我国自古以来就很重视培养宽容的品质。孔子曾说，一个真正的人要有宽容、恭敬、诚信、灵敏、慷慨等五德，他把宽容放在五德之首。庄子

说，圣人应有包容天地，遍及天下的宽阔胸怀。林则徐指出，“海纳百川、有容乃大”。一个人善于宽容，他的人格才会像海一样博大。

宽容能使人性情温和，消除许多无谓的矛盾，化干戈为玉帛。拥有一颗宽容之心的幼儿能给自己赢得更多的朋友，在人际交往上能更加得心应手。幼儿间的宽容也能让整个班集体更团结，能更好地促进幼儿间、幼儿与教师间的互动，使每个幼儿在集体中获得更好的发展。

创设质疑机会，培养幼儿的质疑品质

（一）培养幼儿质疑品质的重要性

质疑，就是提出疑难问题。它是积极思考的表现，更是创新精神的萌芽。幼儿有强烈的好奇心和求知欲，遇事喜欢质疑。教师应当抓住这一特点，重视对幼儿质疑品质的培养，让他们从小就养成敢于质疑的好品质。

质疑品质的养成对幼儿的成长具有非常重要的作用。

（1）培养幼儿的质疑品质是培养其创新精神与实践能力的前提与途径。如何使幼儿在活动中从无疑到有疑，再产生新疑，是教师需认真思考的问题。教师在教育活动中培养幼儿的“问题”意识，让幼儿养成质疑习惯，将会帮助幼儿更好地探索知识。

（2）培养幼儿的质疑品质有利于锻炼幼儿的思维。在探求知识的过程中鼓励幼儿质疑问难，勇于发表自己的独立见解，不盲从、不轻信他人的意见，将有利于幼儿的思维向深刻性和批判性发展。同时，在“生疑——质疑——释疑”的过程中，幼儿会运用猜想与联想、比较与分类、判断与推理，以及分析与综合等思维形式，这在一定程度上能较好地锻炼他们的思维品质。

（3）培养幼儿的质疑品质有利于培养幼儿发现问题、分析问题和解决问题的能力，有利于增强幼儿自主探索的信心，能有效地保护幼儿的好奇心和求知欲，为幼儿以后的终身学习和全面发展打下坚实的基础。

因此，教师应加强对幼儿质疑品质的培养。

(二) 经典教育活动案例

活动目标:

(1) 让幼儿积极思考，有问题可问。

(2) 引导幼儿发现问题。

(3) 通过各种教育活动让幼儿体验质疑并乐于质疑。

活动准备:

图片。

活动过程:

活动一

在《面包房里的猫》的教育活动中，教师先让幼儿听故事，接着出示猫的图片，然后引导幼儿质疑。

教师问:“哪一个小朋友最会动脑，能对这个故事提出一个问题呀?”

一幼儿说:“老师，小猫莫格的家在哪儿?”

教师说:“这位小朋友很会思考，能针对故事提出问题，并且用了一个疑问词‘哪儿’，奖励一颗‘星星’!”

一幼儿问:“小猫是怎样越变越大的?”

教师说:“这位小朋友善于发现问题，能针对图片提出问题，并且用了一个疑问词‘怎样’，也奖励一颗‘星星’!”

一幼儿问:“变大后的小猫像什么?”

教师说:“这位小朋友很会观察，能针对图片提出问题，并且用了一个疑问词‘什么’，奖励一颗‘星星’!”

一幼儿问:“老师，还有哪些疑问词呀?”

教师说:“这位小朋友很会反思，这个问题提得好，老师先给你一颗‘星星’，然后帮你回答，好吗?”

该幼儿点点头。

教师说:“疑问词除了刚才几位小朋友提到的‘怎样’‘哪儿’‘什么’外，还有‘谁’‘为什么’‘哪里’等。我们可以用这些词来提问吗? 哪位小朋友来试试?”

一幼儿站起来说："洪水来了，是谁救了大家？"

老师笑了笑说："这位小朋友头脑很灵活，能用我们刚才提示的疑问代词'谁'来提问，奖励一颗'星星'。"

一幼儿问："小猫变大好不好，为什么？"

老师说："这位小朋友既善于思考，又会提问，能用我们提示的疑问词提问。大家说这个问题好不好呀？"

"好！"所有幼儿都说。

"我们奖励两颗'星星'给这位小朋友，因为他能提出让人思考的问题。"老师说。

……

活动二

在《着急的豆豆》的教育活动中，为了让小朋友学会质疑，教师设计了以下几个环节：

环节一，看图提问。

出示图片内容：戴帽子的小朋友叫豆豆，他看见有几个小朋友在骑木马。

老师说："请小朋友根据这幅图片，并结合豆豆的相关故事，提出问题。"

不一会儿，一位小朋友站起来问："豆豆在那里一起排队等候吗？"

"这位小朋友很聪明"，老师表扬了他，"下面我们一起来说说他的提问方式吧。"

"他是用疑问语气提问的。"所有小朋友回答道。

环节二，思考提问。

老师问："大家想想豆豆做了些什么，然后提一些问题来考考你身边的小朋友，好吗？"

"好！"所有小朋友说。

"豆豆为什么不愿意排队等候呢？"

"因为豆豆心里着急，所以不愿意排队等候。"

老师说："提问的小朋友用了一个疑问词'为什么'，谁还能模仿着提出一个问题呢？"

“豆豆为什么一样也没能玩成呢？”另一小朋友说。

老师摸摸他的头说：“你的头脑很灵活。下面大家想一下这种提问的方法是什么？”

“用疑问词‘为什么’提问题。”有个小朋友说。

环节三，反思提问。

老师说：“小朋友们想想，这个故事中最亮的点和困惑问题在哪里？我们一起来讨论。”

有小朋友说：“做事不能太着急。”

“哪位小朋友把刚才这位小朋友的说法变成一个问题呢？”老师问。

“学了这个故事，我们学会了什么？”

“我们为什么要学会等待？”

……

老师笑着说：“这几位小朋友真会‘变’，用‘什么’和‘为什么’就变成了问题。”

……

活动三

在《聪明的乌龟》的教育活动中，教师通过故事叙述、图片展示故事、角色扮演展示故事等环节，让幼儿熟悉故事，然后进入主题探讨。

老师说：“这故事大家都熟悉了，现在请大家针对乌龟的行为提问题。”

“狐狸要把乌龟扔到天上和火里，乌龟为什么还要感谢它呀？”乐乐问。

“乐乐提的问题好不好呀？”老师问。

“好！”

“为什么好呀？”老师问。

“我也想问这个问题。”宁宁说。

其他小朋友都笑了。

老师也笑了，说：“乐乐的问题好，我们应该怎样表示呀？”

此时，全班响起了热烈的掌声。

“原来乐乐提的问题都是大家想问的，我们给乐乐一个‘苹果’，希望大家像她一样多动动脑。大家还能提出哪些问题？”

“狐狸要把乌龟扔到水里，乌龟为什么要哭呀？”强强问。

“强强能将自己不理解的东西变成问题，也应该得到一个‘苹果’。谁能回答这个问题?”老师问。

……

“为什么说乌龟是聪明的?”磊磊问。

“磊磊能针对文章标题提出问题，更应该得到一个‘苹果’。”老师说。

……

“今天小朋友提出的问题都很有代表性，都是值得探讨的问题，我们以后要坚持这样做，如果这样做，我们就会像乌龟一样聪明了。下面我们就来讨论一下磊磊提出的问题：为什么说乌龟是聪明的?”

……

(三) 反思拓展

要培养幼儿的质疑品质，必须摒弃传统教育观念中限制幼儿创造潜能发挥的因素，树立有利于幼儿创造力发展的教育观，其关键在于教师要更新教育观念，优化方法，提供多种观察、操作、思维及语言表达的时机，鼓励和引导幼儿主动参与质疑的全过程，使幼儿对所学知识感到有问题可想、可提、可议，由被动质疑逐步转向主动质疑。上述教育活动中的教师通过各种方法让幼儿的质疑品质得到较好培养，帮助幼儿认识自我、建立信心，从而调动其主动性和积极性，让他们的诸多方面的能力都能得到发展。

在培养幼儿质疑品质方面，教师应从实际出发，因地制宜，因人而异地采取有效措施。

1. 营造民主氛围，让幼儿有“疑”敢“问”

营造民主氛围是幼儿有疑敢问的前提条件。这就要求教师在教育活动中要尊重每一位幼儿，理解幼儿的“异想天开”，甚至“胡思乱想”，发自内心地欣赏和赞美幼儿的一切努力，鼓励幼儿说出自己的观点和想法，还要经常对幼儿说“把你的问题说出来”“老师想知道你的想法”等鼓励性的话，以肯定、鼓励、接纳以及欣赏的态度为幼儿营造宽松、愉悦的氛围，让幼儿能大胆地提问。

当教师真正做到了宽容和民主，让幼儿充分感知到老师的理解和尊重后，幼儿便会产生高度的心理安全感和轻松愉悦感，将自己的疑问提出来。

2. 创设良好的质疑时机

在组织教育活动的过程中，教师可采取以下几种教育策略，给幼儿创造质疑的机会：（1）留下一段时间，让幼儿自己质疑；（2）留下一个空间，让幼儿自己大胆往前走进而质疑；（3）留下一个问题，让幼儿在寻找答案时质疑；（4）留下一个冲突，让幼儿在讨论中提出质疑；（5）留下一个悬念，让幼儿在创造中质疑；（6）创设一个机遇，让幼儿在抓住机遇的过程中质疑。

例如，在“神奇的毛细现象”的教育活动中，教师组织幼儿研究毛细现象。在幼儿发现纤维能吸水的现象后，教师故意留了一段空白，让幼儿自由操作探索，从而发现更多的现象，产生新的疑问。当教师给幼儿提供实物让幼儿进一步操作探索时，让幼儿将瓜果蔬菜采用任意切割的方法浸泡在颜料中，使幼儿发现“为什么切割方式不同会产生不同的毛细线路图”等问题。

3. 激发探索兴趣，让幼儿想“疑”好“问”

兴趣是一种力求认识世界、渴望获得知识的意识倾向，也是引起和维持注意的一个重要内部因素。对感兴趣的事物，幼儿总会主动愉快地去探索，变得积极主动。如果教师不想方设法使幼儿产生情绪高昂和智力振奋的状态，就会使幼儿感觉疲倦，没有了兴趣。

例如，在淀粉变色实验的教育活动中，教师先出示一张白纸，然后用笔蘸了蘸刷了下，让幼儿观察现象——白纸的变化，幼儿们看到纸上有画都非常愕然，他们很想知道答案，兴趣高涨，有了探索的欲望。此时，有幼儿提出：“是不是白纸上面有一些神秘的东西，碰到了笔上的水就现形了？”

为便于激发兴趣，教师平时要深入了解幼儿，了解他们的认知特点和思维方式，摸清他们的思路脉搏。教师可以尝试运用下列办法：

（1）增强教育活动内容的新颖性和形式的多样性。

（2）教育活动内容应来自幼儿熟悉的、感兴趣的生活，将新知识与过去的知识和经验联系起来，这样，幼儿就会从个人理解的角度找出比较有意义的答案，自然也会引发议论与质疑。

4. 教给幼儿质疑的方法，让幼儿会问

提倡培养幼儿的质疑品质，并非让幼儿不从客观实际出发，违背内容进行胡猜乱疑，而是要引导幼儿疑得正确，疑得有长进，还要善疑。否则，当疑时不疑，不当疑时又乱疑，那就非但不能形成有效的质疑习惯，还会把思维引上岔道。

有时幼儿提问题抓不住要领，有时提出的问题太简单，没有思维价值，有时冥思苦想也提不出问题。对此，教师要教给幼儿多方面的、行之有效的质疑方法：

（1）比较质疑。比较质疑是通过外形、特征的探索比较进行质疑。例如，进行"水"单元活动认识水时，教师可以引导幼儿质疑"饮用水和雪碧、白醋一样吗"，通过比较，引发幼儿思索，寻找这些物质的异同，加深理解。

（2）顺向质疑。顺向质疑是根据事物的发展变化，提出进一步思考、探究的问题。它是一种正向思维活动，是最常用的一种质疑方式。如"采用什么方法解决不用手让球滚起来的问题""你准备用什么方法来解决这个问题"等。通过质疑，进一步激发幼儿的探索欲望，使幼儿获得对事物的进一步认识。

（3）逆向质疑。逆向质疑是从逆向思考的角度去质疑问难，从而对所探索的事物提出新观点、新看法。

（4）求异质疑。求异质疑是指针对同一内容，多角度、全方位地对问题的性质、解决方法等提出质疑。这种质疑可以引发幼儿从不同角度、用不同方法探究未知领域的热情。例如，在了解磁铁的特性后，幼儿质疑"能不能让磁铁把塑料瓶吸起来"，幼儿在操作实践中可以质疑"能不能让方方的积木滚起来"等。

5. 做好必要的冲突引疑工作

冲突引疑是让幼儿通过认知上的冲突而产生疑问、发现问题。发现问题是幼儿进行探究的先决条件，是质疑前的一个重要环节，有利于引发幼儿深入探究的内在动机，促进幼儿质疑习惯的培养。教师应采取策略，引发幼儿的认知冲突，为幼儿发现问题、提出疑问搭桥引路。具体做法如下：

（1）提供适度新颖的现象，引起幼儿认知上的冲突。教师应给幼儿提供适度新颖的现象，引起幼儿认知上的不协调和冲突，促进幼儿思考。例如，在认识“磁铁”的活动中，教师用磁铁让桌面上的小人“跳舞”，幼儿很快被“纸人跳舞”的现象所吸引，随即产生了“小纸人怎么会跳舞”的疑问。又如，在认识“溶解”的活动中，教师根据幼儿对糖、盐等实物认识但对溶解不理解的实际，采用对比法，让幼儿将塑料制品、铁制品及盐和糖同时放进水里，通过操作，幼儿看到了糖和盐溶解的新奇现象，很容易就引起“糖和盐怎么不见了”的疑问。

（2）给幼儿提供与原有经验相矛盾的现象，引起幼儿的认知冲突。教师应给幼儿提供与原有经验相矛盾的现象，引起幼儿新旧知识之间的冲突。幼儿已有的经验是探索、解决问题的知识基点，它与所需解决问题之间存在差距，这又将构成幼儿新的认知冲突。例如，幼儿在理解“沉浮”的奥秘后，教师又给幼儿提供了有关船的行驶录像，幼儿很快感到好奇，产生了“钢铁做成的轮船为什么能浮在水面”这样的疑问。

6. 质疑习惯培养的其他策略

（1）引导幼儿看题目时质疑。教师进行教育活动之前，可以用这样的问题有意训练幼儿：“看到（听到）这个题目，你想到了什么?”长此以往，幼儿就会养成一看到（听到）题目即想发问的习惯。例如，进行“沉下去和浮起来”的教育活动时，幼儿一看到课题就争先恐后地发问：“我们已经玩过了沉浮游戏，今天的‘沉下去和浮起来’玩的是不是和以前有点不一样?”“今天是不是要让木头沉下去让铁钉浮起来啊?”……

（2）引导幼儿在重难点处质疑。幼儿敢于提问，并不代表一定会问。有的幼儿爱提问，却并不一定能提到点子上。教师应该注意的是，对于幼儿提问，特别是当幼儿提出与本次教育活动联系不紧密的问题时，应适当鼓励幼儿，再正确引导，不要打击幼儿的热情。一方面，教师要注意解决幼儿所提的问题，另一方面，要注意在重难点处培养幼儿质疑。一开始教师可以给幼儿示范，教会他们如何提问。有些能力强的幼儿非常愿意仿效教师提问，这对培养其他幼儿学会质疑有着不可低估的作用。

（3）引导幼儿对活动内容质疑。在一个教育活动后，教师可以引导幼儿再次回顾内容，可以看活动材料质疑，也可以看记录表质疑。这样可以加深幼儿对本次活动内容的理解。

例如，在关于镜子的系列活动中，幼儿利用小圆镜进行了“照光斑追光斑”的一个小游戏。在游戏结束后，幼儿提出了“是不是用不同形状的镜子就会照出不同形状的光斑”的问题。幼儿在新旧知识的交接点处引发了又一轮的疑问，也为下次活动的内容制造了一个悬念，同时幼儿深入探索的兴趣也再一次被激发。

7. 科学评价幼儿的质疑

当幼儿从“要我问”转变为“我要问”“我能问”时，教师应积极评价幼儿。

一方面，教师对幼儿的提问要表现出极大的耐心和热情，对于幼儿的提问不论大小、难易或对错，都应加以鼓励和表扬、修改和指正，从幼儿提出的问题中找出闪光点和可贵之处，让幼儿通过提出问题体验到成功的喜悦。同时，制止同伴之间可能发生的嘲笑行为，保护提出不合常理、异想天开的问题的幼儿提问题的积极性，对问题的合理部分要给予肯定的评价。例如，可以赞扬幼儿的问题提得巧妙，提得深刻，或是奖一个小奖品给幼儿，这些方法都能对其他幼儿产生影响。另一方面，在有些教育活动中可以开展小组合作，鼓励组内自主质疑。运用小组合作学习的方式充分调动幼儿思考的积极性，引导幼儿积极参与整个学习过程，主动质疑问难。同时，通过小组合作活动还可以过滤掉一些浅显的问题，把一些不能解答的、有难度的问题集中起来，供全班交流，这样既充分利用了时间，又有效地培养了幼儿质疑、解疑的习惯。

培养幼儿的质疑品质，不仅是教育方法、教育技巧的问题，而且是教育原则、教育观念问题。教师必须更新教育观念，创造宽松和谐的气氛，提供多种的观察、操作、思考及语言表达的机会，支持和鼓励幼儿对不明白的问题大胆质疑、争论，引导幼儿主动参与学习的全过程，使幼儿对所学知识感到有问题可想、有问题可提、有问题可议，让幼儿不但会质疑、敢于质疑，而且善于质疑、习惯质疑。

以积极的方式培养幼儿不侵占他人财物的品质

（一）培养幼儿不侵占他人财物品质的重要性

培养幼儿不侵占他人财物的品质的养成教育，既是诚实教育，又是文明礼貌教育。在儿童时期，不少幼儿有过随便拿、翻别人东西的行为。他们不是偷偷摸摸把别人的东西拿走归自己，而是未经主人允许就把别人的东西随便拿走。这种现象的产生一般是由这一年龄段幼儿的年龄特点和心理特点决定的。他们往往从自己的需要出发想问题，只顾自己，不顾他人，很难想到自己随便拿了别人的东西会有哪些不良后果。这种行为虽然不同于“偷”，但也是一种没有礼貌的行为。这种坏毛病发展下去，将会伤害他们的幼小心灵。

幼儿年纪小，可塑性强，导恶则从恶，导善则从善。教师应重视规范幼儿的行为，帮助他们加强自身修养，这对他们形成良好的思想品德与文明行为具有特殊意义。

（二）经典教育活动案例

活动目标：

（1）让幼儿知道乱拿东西是不好的行为。

（2）引导幼儿学会控制自己的不良行为。

活动准备：

玩具。

活动过程：

“老师，烨烨的玩具不见了，那是他妈妈买给他的新玩具，他很伤心。”烨烨奶奶一大早来到幼儿园，见到老师就开始抱怨，烨烨站在旁边，一脸的不高兴。老师劝了半天，他才说出事情原委：昨天下午，俊俊说要借烨烨的玩具玩，结果就再也没有还给他。明白了事情的经过之后，老师先安慰了烨烨，然后一边和烨烨奶奶聊天，一边等待俊俊的到来。

不一会儿，俊俊在爸爸的陪同下来到了幼儿园，老师先向俊俊爸爸询问情况：“俊俊有没有带其他孩子的玩具回家？”

俊俊爸爸肯定地说：“没有。”

奶奶听到之后更生气了，指着俊俊大声说：“玩具就是借给他的，怎么会没有呢？”

这时的俊俊已经被吓傻了，一句话也说不出来，老师赶紧请家长们先回去，并告诉他们，自己会解决好这件事情。

家长们走了之后，老师把俊俊带到旁边开始“私下交流”。

“俊俊，别怕，告诉老师，你有没有借烨烨的玩具？”

“借了。”逐渐平静下来的俊俊开始向老师坦白。当老师问到玩具的下落时，俊俊一开始说被别的孩子拿走了，然后又告诉老师玩具被爸爸扔掉了，最后又说玩具不知道放哪里了。

听到俊俊这样的回答，老师基本已经知道了事情的真相，但并没有马上责怪俊俊，只是轻轻对他说：“回去吧，孩子，以后借人家的东西一定要还，不然好朋友会难过的，他们以后就再也不愿借玩具给你了。”

俊俊如释重负地点了点头。

到了自由活动的时间，孩子们像往常一样拿出自己心爱的玩具和朋友们共同分享，老师也加入他们中间，大家共同享受午后的快乐时光。

就在大家玩得正高兴的时候，一个不和谐的声音突然打破了这种美好的氛围。

“老师，俊俊拿人家的玩具。”小毅站在门口的玩具橱前大声喊起来。

“怎么回事啊？”老师顺着声音走到玩具橱旁，孩子们也都跟了过来。

“老师你看。”顺着小毅手指的方向，老师看到俊俊的橱里横七竖八藏着很多玩具。这个时候，孩子们纷纷叫了起来：“这是我的玩具。”“我的飞机在这里。”“看呀，婷婷，你的玩具也在这里。”

老师看了看俊俊，他躲在一旁，撅着小嘴紧张地看着老师。突然有个孩子说：“老师，他是小偷。”“对，他偷东西。”“小偷，小偷。”孩子们愤怒地嚷了起来。俊俊一句话也不说，羞愧地低下了头。

此情此景让老师非常难过，她马上制止了孩子们，并对大家说：“小朋友们，他不是小偷，你们不能这样说自己的朋友。”

老师又对俊俊说：“你并没有故意拿小朋友的玩具，只是想看看，对吗?”

看着老师信任的眼神，俊俊马上点点头，然后把玩具还给了大家。

事后，老师又和俊俊认真地交谈了一次，告诉他拿别人的玩具是不好的，后果非常严重，不仅会被所有人指责，甚至会失去所有的朋友。

听到老师这么说，俊俊有些害怕了，低着头一句话也不说。这时老师又对他说：“你在老师心目中还是个好孩子，希望你以后不要再做这样的事情了。”

俊俊认真地点了点头。

过了很长一段时间，老师再也没有听到其他孩子向她告状说自己丢了东西。尽管这段时间老师发现过俊俊翻别人的书包，可是当他看到老师的目光后就马上停了下来，并马上解释说：“他的包没有拉拉链。”

看着俊俊紧张的样子，老师还是采取了正面引导的方式，鼓励他说：“你进步了，你懂得约束自己了。”听了这话，俊俊有点难为情地笑了。

在这期间，俊俊爸爸也经常和老师沟通，把俊俊在家里的情况及时反映给老师，老师也将俊俊在幼儿园的情况及时反馈给俊俊爸爸。通过老师的指导，俊俊爸爸采取了淡化的处理方式，和老师的正面强化相配合。渐渐地，老师发现俊俊再也不到其他孩子的书包前徘徊了。

尽管俊俊已经改正了自己的行为，但是老师明显感觉到孩子们已经对他起了戒心。自由活动时间，每当俊俊走向大家，孩子们都迅速收好自己的玩具，再也不把玩具借给俊俊玩。可见“玩具事件”在孩子们心中造成了很大影响。能不能再借助玩具解开孩子们心底的这个结呢？老师的心里有了这样的想法。

终于机会来了。一个孩子跑过来告诉老师说玩具找不到了。老师马上找来俊俊，请他帮忙一起寻找玩具，不一会玩具找到了，于是老师开始借着这件事“大做文章”，先是请孩子们要保管好自己的东西，不要随处乱扔，接着就推出了今天寻找玩具的“英雄”——俊俊，请丢失玩具的孩子向他致谢，最后老师还表扬了俊俊乐于帮助别人，帮好朋友找到了玩具。

这下，孩子们对俊俊充满了佩服之情，他们又和俊俊成为好朋友了，而且愿意将自己的玩具借给俊俊玩。俊俊终于开心地笑了。那一刻，老师的脸上也洋溢着欣慰的笑容。

（三）反思拓展

孩子的想法非常单纯，有时候他们仅仅因为喜欢别人的东西就想“占为己有”，他们不知道这样的行为是错的，更不会将其定义为“偷”，这时候教师应该怎么做呢？是大声斥责，立即命令其改正，还是采取“冷处理”的方式，让其慢慢意识到自己的错误，逐渐改正？上述教育活动中的老师选择了后者，当烨烨奶奶向老师告状并质问俊俊的时候，老师并没有马上责怪俊俊，而是理智地处理了这件事情。

老师不想看到俊俊心里留下难以磨灭的阴影，即使他真的做错了，自己也有责任保护他的自尊心。于是，老师先改变了其他孩子对俊俊的认识，接着又给俊俊一个“台阶”，让他避免了尴尬，但是保护孩子的自尊心并不意味着放任自流，所以在与俊俊个别交流时，老师直接告诉他这么做会带来的严重后果。

有人曾说过：“孩子会朝着你眼中的那个样子发展。当你看到善良，他就会向着积极的方向努力；当你看到邪恶，他就会向着消极的方面发展。”当孩子犯错的时候，如果教师一味强调他的错误，那么这种错误被重复的几率就会增加。相反，如果教师淡化这种错误，并给孩子正面、积极的影响，那么孩子自己也会很快忘记这种错误，取而代之的是那些被不断强化和鼓励的正确行为。

在成长的道路上，每个人都可能会犯错，孩子也一样，当他们犯错的时候，教师千万不要急于批评，而是要用爱心和耐心帮助他们改正错误，一起面对成功的喜悦。针对幼儿侵占他人财物这种不良行为，教师又该如何促进他们改正呢？

1. 培养幼儿的物权观念

有些幼儿习惯于一切玩具、食品都归自己所有，他们对物品缺乏归属观，起初可能只是随意拿东西，到后来可能就会发展成偷窃行为。教师如不能及时了解事情真相，纠正错误，等到幼儿的这一认识已固化，那就为时已晚了。那么，在日常教育活动中，教师应怎样教导幼儿尊重别人的物权呢？

（1）帮助幼儿树立“轮流”“借用”的观念。幼儿抢夺或乱拿别人东西有可能是因为好奇，此时教师应趁机传授给他们“轮流”“借用”的观念，告诉他“长针走到5的时候，你才可以玩那些拼图，现在让其他小朋友先玩”，或“那是小明的彩色笔，你要先问他愿不愿意借给你”。

（2）制订规矩。鼓励幼儿想要什么要跟教师讲，规定在幼儿园里什么东西是可以拿的，什么是不可以拿的，最基本的规矩是“想要什么，在拿起来之前，先询问教师可不可以”。

（3）让幼儿知道凡事要商量。幼儿还小，也许不了解为什么看到喜欢的东西不能拿走，这时教师可以这样回应他们：“如果你想要这个东西，可以告诉老师，我看看可不可以，再做决定。”教师和幼儿之间应该有“商量”的余地。

（4）让幼儿明白“偷”与“借”的差别。教师必须让幼儿明白借与偷之间的差异以及不同的后果。当教师对幼儿说“不可以偷拿别人的东西”时，让他了解“偷”是不对的行为，是绝对不允许的。

（5）适时赞美幼儿。如果经过教师的解释、教导，幼儿逐渐改正了侵占他人财物的不良行为，教师就应适时地给予赞美和鼓励，如“你真乖，老师很高兴你这样做”，幼儿便会知道这个行为是老师喜欢的，在鼓励和赞美之下，他自然会慢慢养成良好的品质。

2. 加强与家长的沟通

当幼儿出现侵占他人财物的行为时，教师应及时与幼儿家长取得联系，把孩子的具体情况如实向家长反映，同时了解孩子的家庭情况、家庭教育方法，针对其生长环境找出问题的症结。教师还可以给幼儿家长提出如下建议：

（1）通过讲故事、做游戏等方法进行教育。教师可以建议家长通过讲故事、做游戏等方法，让孩子体验小主人丢失东西后着急的心情，感受不经同意随便偷拿东西给别人造成的麻烦和痛苦，以提高幼儿分辨是非的能力。例如，给孩子讲“拾金不昧”的故事，帮助幼儿辨别什么对什么不对。要教育孩子在任何情况下都要将拿走的东西归还原主，让他们认识到不将物品归还原主的行为是不对的。

（2）保护孩子的自尊心。教师应建议家长注意保护孩子的自尊心，不要在大庭广众之下让孩子认错，不要使孩子处于羞辱的境地，应该想办法使孩子在纠正错误中获得积极的感受，引导孩子主动将物品归还原主，然后肯定他主动认错的表现。

（3）尊重孩子。教师应建议家长为孩子准备专属的日常用品，如碗筷、护肤品、拖鞋等，不要和其他人混用，帮助他建立“我的”的观念。如果可能的话，给孩子一个属于自己的小天地，让他珍藏他的所有物。如果要拿取他的物品，也应该征求他的同意，帮助他建立这样的观念：每个人都有自己的所有权，没有经过他人同意，不可以随意乱拿乱翻。只有孩子的所有权被尊重，他才能学会尊重别人的所有权。这样，“顺手牵羊”的事也将不会发生了。

（4）家长发挥榜样作用。教师应建议家长要严于律己，不贪占小便宜，不随便拿别人的东西，给孩子做个好榜样。当发现孩子把别人的东西拿回家时，家长应晓之以理、动之以情地对孩子进行教育，及时带着孩子将东西送还主人，让孩子从父母的言行中学会如何做一个不侵占他人财物的人。

（5）要有耐心。教师应建议家长要有耐心。孩子在接受教育有所进步后可能还会出现反复，此时家长切不可急躁，既要批评，又要耐心说服。当孩子偷拿别人的玩具时可以对他说：“你要玩具为什么不告诉我呢？”“你要玩具时告诉我，我们来商量商量呀！”这样的教育方式会让孩子感到自己确实做错了，会促使孩子自觉改正不良行为。

3. 以积极的方式对幼儿提出要求

当幼儿乱拿别人财物的不良行为出现时，教师应告诉其正确的做法以及不良行为的后果，同时在处理过程中应考虑到幼儿的逆反心理，要多用积极的方式提出建议，这样既可以终止幼儿的不恰当行为，又可以为他们的后续行为指明方向。

4. 其他有效的教育方法

餐后活动时，教师可以选择有关音像或图书让幼儿观看，引发幼儿思考，通过正反典型的教育进行品德渗透，用简单、生动的故事启发幼儿，通过让幼儿表演故事等形式寓教于乐，让幼儿在笑声中受到启发和教育，使他们能够明辨是非，得到借鉴。

教师还可以将物品拟人化，引发幼儿的同情心，告诉他："玩具的家在这里，把它带到其他的地方它会不开心，会想爸爸妈妈，它会很伤心的。想想如果将你带到看不到爸爸妈妈的地方，离开家，你会怎样？有多不开心？如果你喜欢这个玩具那你就该做它的好朋友，带它回到家里，让它永远不离开爸爸妈妈，你想玩就在它的家和它玩。"

教师还应利用集体的关爱使幼儿重塑信心。教师可以教育其他小朋友正确对待和热情帮助有侵占别人财物行为的小朋友，让他体察到教师的爱和善意，体验到集体的温暖，这样才会消除其对立情绪，增强他对教师的信任感，使他乐于接近教师并接受指导，"亲其师，信其道"，乐于融入集体并从中得到教益。

"老师，某某拿我的东西了"，这样一句看似很平常的话，却隐藏着很大的危机。教师要以敏锐的眼光洞察孩子的行为，用专业的理论研究孩子的心理，春风化雨般地化解孩子随意侵占他人财物的问题，润物无声地帮助他们逐渐树立正确的观念，力求让他们从小养成优秀品质。

创设宽松的教育环境，培养幼儿敢于认错的品质

（一）培养幼儿敢于认错品质的重要性

知错就改是美德，在漫长的人生征途上，谁不会犯错误？关键是要勇于承认错误。

敢于承认并改正错误是勇敢品质的一种表现。有的幼儿在生活中自理能力强，在教育活动中也表现得很勇敢，可是一旦犯了错误，们却不愿承认，不接受批评，表现出抵触情绪。这时候，教师就应该善于引导，当他们改正错误时应及时表扬他们，让他们真正体会到做错了事情要敢于承认并改正才是一个勇敢的好孩子。培养幼儿敢于认错的品质非常重要。

首先，可以培养幼儿的责任心。有一位美国小男孩，他踢足球时不小心打碎了邻居家的玻璃，邻居索赔 12.5 美元。闯了大祸的小男孩向父亲认错后，父亲让他对自己的过失负责，他为难地说："我没钱赔人家。"父亲从口袋里拿出 12.5 美元递给他说："这些钱先借你，一年后还我。"从此，这位小男孩每逢周末、假日便外出打工，经过半年的努力，他终于挣足了 12.5 美元还给了父亲。这个小男孩就是后来成为美国总统的里根，他在回忆这件事时说："通过自己的劳动来承担过失，使我懂得了什么叫责任。"可见，让幼儿学会承认错误，可以有效地培养幼儿的责任心。

其次，当幼儿做错了事说"对不起"时，可以赢得小伙伴的原谅，有利于团结。

最后，认错是一个人敢于坦然面对自己的一种表现。勇于认错可以让

幼儿正视自己的过失，做一个诚实、勇于承担责任的人。

（二）经典教育活动案例

活动一

活动目标：

（1）让幼儿认识到自己的错误。

（2）培养幼儿敢于认错的品质，纠正幼儿不愿认错的不良行为。

（3）让幼儿意识到不认错的危害性。

活动准备：

小白兔挂图课件。

活动过程：

朱碧华是广州市沙面实验幼儿园的一名教师。朱老师班上有个名叫小涵的幼儿，她活泼好动，性格开朗，平时很喜欢帮老师和小朋友做事情，但是小涵比较任性，很多事情常常按自己的想法去做，尤其是当她犯了错误，老师和小朋友指出时，她总是百般辩解，不肯认错。

有一次，朱老师和小朋友们都在做手工，小涵却偷偷地溜到教室外面去了。

“哈哈哈……”外面传来了笑声，朱老师立刻转过头去，只见小涵把脸贴在玻璃窗上，正在一个劲地做鬼脸。

朱老师马上出去拉小涵回来，她全程一言不发，直直地看着小涵，原以为小涵会难为情地低下头，因为很多小朋友一旦发现自己做错了事情，都会这样，但是小涵不动声色，看起来好像根本没发生过什么事情。于是，朱老师又直直地看着她。

“看我干吗，我又没做错什么，不就是到外面去了一下嘛！”小涵委屈地说。

从小涵的眼神可以看出，她是不会承认错误的。朱老师只好说：“好，回到自己的座位上去吧！”

“朱老师叫你回到座位上去！”旁边的小朋友轻轻推了小涵一下。

小涵顿时惊了一下，“哦”了一声就去参加手工活动了。

还有一次画图画，小涵画了一会，忽然说组长没给她发纸。朱老师明明看到她画好了一个笑脸表情，这是怎么回事呢？朱老师问："是不是你撕坏了纸?"

小涵仍坚持说没发给她纸，朱老师耐心地告诉她："如果不小心把纸撕坏了，老师是不会责怪你的。"

小涵听了仍然不停地重复着："老师，我就是没拿到纸，就是没有!"

恰好这时她的裤兜里掉出了画画纸。朱老师正想批评她，只听她嘟哝："这是我自己的画纸，昨晚我画画了。"

朱老师把小涵领到一边悄悄地对她说："你是一个好孩子，好孩子做了错事的时候一定要认错。"

但是小涵依旧撅着嘴："我就是没有拿纸!"

看到这种情形，朱老师也没有再说什么，经过仔细分析，她决定采用以下方法帮助小涵改掉不敢承认错误的坏毛病：

1. 换位思考，移情训练

小涵在班上属于各个方面发展都很好的孩子，所以她在幼儿群体中有一种唯我独尊的骄傲感。长期以来，她习惯了指出其他小朋友的错误，而不容许小朋友指出她所犯的错误，即使指出来，她也不承认。她的自尊心很强，这本无可厚非，但如果只允许自己犯错，不允许别人说自己半点不是，那是一种不正常的心态。

吸取上次的教训，这次朱老师有了准备。又到了做手工的时间了，小涵做了一会儿，忽然急急忙忙地跑过来说："朱老师，小腾到教室外面去了!"她一边告状一边大声地喊："小腾，你快进来！快进来!"

还没等朱老师开口说话，小涵便拽着小腾来到了朱老师身边。

"谁让你出去的，我们在上课，你不遵守纪律，要被老师批评了。"小涵得意洋洋地当起小老师来了。

朱老师不说话，这是她刻意安排的情境。小腾的头晃来晃去，一副不屑一顾的样子。

小涵急了，说："朱老师，你看看，他犯了错误还不承认。"

好机会来了，朱老师立刻抓住小涵此时的心理感受与她耐心地交流："上次你不也是这样吗？你做错了事，从来都不承认，别人会高兴吗?"

听了老师的话，小涵不好意思地低下了头。

通过这种方式，朱老师让小涵学会换位思考，体验到别人的心理感受，意识到自己犯的错误应该自己承担。

2. 讲故事，明道理

为了让小涵以及班上的小朋友意识到不愿认错的危害性，朱老师决定通过讲故事，让他们明白做错事要认错的道理。

“小朋友们，今天老师给大家讲一个故事，想听吗?”

“想!”

“老师，我们最爱听故事了!”

“老师，你要给我们讲什么故事?”

“老师讲《知错就改的小兔子》，好不好?”

“好!”

朱老师一边播放课件，一边讲故事。

明年就是兔年了，森林里的小兔子又开始得意起来了。

小兔子在森林里溜达，它走呀走，忽然看见了一只美丽的小鹿，它觉得小鹿头上的那两只尖尖的鹿角非常漂亮，心想：如果我戴上那两只美丽的角，那该多好啊！它快步向前走，来到小鹿跟前，严厉地对小鹿说：“明年就是兔年了，应该是我当大王了，现在你必须把你的角给我，否则的话，我就把你杀死。”小鹿没有办法，只好把自己的角给了小兔子，小兔子戴上鹿角，大摇大摆地在路上走着，多神气呀！它继续往前走，看见小熊的手掌非常有力，它想：要是有了那双手，打起架来一定非常有力。它走到小熊跟前，对它说：“明年就是兔年了，应该是我当大王了，你现在必须把手掌给我，否则到时候，我就把你杀死。”小熊没有办法，只好把手掌给了它。

有一天，森林里的小猴子过生日，许多小动物都来给小猴子祝贺生日，小兔子也来了，大家觉得它的模样很奇怪，齐声问道：“你是谁?”“我是小兔子呀!”小动物们都觉得一点儿都不像小兔子，就把它给赶了出去。小兔子伤心极了，想扔掉熊掌和鹿角，但是它又想：这样做是不对的。它又去敲门，双手拿起熊掌和鹿角向小动物们真诚地道歉，小鹿、小熊和其他的小动物都原谅了小兔子。后来，森林里的小动物们都成了好朋友。

“小朋友，故事好听吗?”讲完故事，朱老师问。

“好听！”

“那么，我们需要向小兔子学习吗？”朱老师启发小朋友。

“不需要，小兔子太坏了，他欺负小鹿和小熊。”

“需要，小兔子最后变好了，他把熊掌和鹿角还回去了。”

“对，对，小兔子已经认错了！”小涵急忙应和。

“小朋友说得都很好，最后小兔子认识到自己错了，改正了错误，还是一只可爱的小兔子。小朋友们做错事不要紧，关键要知错就改，这样才是一个好孩子。”说这话时，朱老师特意看了小涵一眼，发现她的小脸蛋红红的，从那以后，小涵不愿认错的不良行为渐渐改正了。

3. 家园联合，共同纠错

据朱老师调查，小涵在幼儿园的表现和在家中的表现有很大反差：在幼儿园里，小涵喜欢帮老师做事情，可在家中她却是不折不扣的“小皇帝”，对父母和爷爷奶奶都是大呼小叫的。

为此，朱老师在幼儿园经常和小涵单独谈话，鼓励她回到家中帮父母做一些力所能及的事情。同时，朱老师也与家长沟通，一方面，让他们在家中尽量鼓励小涵多做事，并适时地表扬她，以激发小涵积极向上的信心；另一方面，让家长了解孩子在园的情况，并请他们配合老师，对孩子严格一点，对孩子犯的错一定要指出来，不能纵容。家长要通过批评加讲道理，让小涵明白，并不是她做的每一件事都对，但只要她勇于承认错误并不断改正，就是好孩子。

通过以上鼓励、批评、讲道理等方法，在家园双方的共同努力下，小涵不愿承认错误的不良行为得到了明显的矫治。现在，她不但自己勇于承认错误，而且还监督其他小朋友，不允许他们有类似的情况发生。同时，她自以为是的自负感也渐渐消除了。

活动二

活动目标：

（1）教会幼儿当说话做事不小心伤害了别人时要及时向对方道歉。

（2）培养幼儿知错就改的习惯。

活动准备：

几幅插图。

活动过程：

向日葵艺术幼儿园的优秀教师路音发现，班上有些幼儿比较霸道，有错不认错，而且也不接受批评。

教育活动练习4中的口语交际活动“学会道歉”的目的在于教会幼儿说话做事不小心伤害了别人时，要及时向对方道歉。这正是进行有效教育的一个契机，路老师这样设计该教育活动：

首先，路老师以一事例引出道歉的概念，问：“小朋友，你们知道什么是道歉吗?”

一幼儿：“老师，道歉就是对不起。”

另一幼儿：“就是认错。”

路老师点点头，又问：“那么，为什么在生活中我们有时要道歉?”

一幼儿：“因为道歉了才能知道谁对谁错。”

另一幼儿：“道歉了才不会吵架。”

又一幼儿：“道歉是有礼貌的表现。”

路老师总结道：“小朋友们说得对，人与人之间是要互相尊重的，学会道歉也是有礼貌的一种表现，以后，小朋友要是有错了就要及时向别人道歉。记住了吗?”

“记住啦!”

练习4上有几幅插图，很好地展现了生活中的某些场景。路老师发现，幼儿虽然知道道歉，但是他们并不会道歉，除了说声“对不起”外，就没有旁的话了。于是，路老师通过引导、现身说法和部分课件展示，让幼儿们渐渐学会多用“我不小心”“不是故意的”“请原谅”等道歉语。

接着，路老师又带领幼儿们进行了情境表演。在表演过程中，路老师有意识地多和平时比较霸道、性格上比较冲动与强势的幼儿进行互动，不动声色地对他们进行了教育。尽管有些幼儿道歉起来还不太自然，但是只要开了头，就是向敢于认错迈出了一大步。

（三）反思拓展

幼儿园是一个非常特殊的小社会，每天一个班级要有几十名幼儿在一起生活、学习、游戏，难免会有磕磕碰碰，幼儿之间发生争执乃至打打闹闹是常有的事。问题的关键是，教师要像以上案例中的教师一样让幼儿学会道歉、敢于认错。

幼儿不愿承认自己的错误，究其原因，一方面是由于社会大环境对幼儿自私行为造成了不良影响；另一方面是家长和教师对幼儿品德教育的重视不够和教育方法不当。所以，培养幼儿勇于认错并改正错误的良好品质迫在眉睫。

陶行知曾经说过："六岁以前是人格陶冶最重要的时期。这个时期培养得好，以后只需顺着他继长增高地培养上去，自然成为社会优良的分子；倘若培养得不好，那么，习惯成了不易改，倾向定了不易移，态度决了不易变。"这说明幼儿时期是塑造良好品质的关键时期。教师抓住这一时期对幼儿进行品德教育，使幼儿从小就知道知错就改，知道犯错误不要紧，只要能承认错误。并能改正错误。这将关系到幼儿一生的发展，对培养幼儿健全人格起到重要作用。

勇于认错对幼儿良好品质的形成有巨大作用，那么，教师应该如何培养幼儿勇于承认错误的品质呢？

1. 创设宽松的教育环境

当幼儿犯错误时，教师不要在集体面前当场揭露他，而应该单独和他谈。一方面表示对他犯错误的理解，提出解决办法；另一方面引导他换位思考，让他知道他的行为会给别人带来不快，让他知道出了问题应该自己承担，不能赖在别人身上。

2. 发挥榜样的作用

榜样是对幼儿具有重要教育作用的典型，榜样教育是以别的幼儿的好思想、好行为来影响幼儿的一种教育方法。榜样可以起到示范的作用。

（1）典型人物的榜样作用。幼儿喜欢模仿，教师可以以周围生活中优秀的幼儿和成人中勇于承认错误的人物为榜样，对幼儿进行教育。在平时的教育活动中，教师应以勇于认错等为主要内容的故事作为教育资料，引导幼儿向故事的主人公学习。

（2）教师的榜样作用。教师在幼儿心目中占有重要的地位，他们的一言一行都是幼儿的榜样。为此，教师要以身作则，时时处处做幼儿的表率。如教师在教育活动中说错话、写错字、指导有误等，都应该勇于认错，知错就改。

（3）同伴的榜样作用。同伴是幼儿观察学习的榜样，当幼儿同伴中有勇于承认错误并能知错就改的良好范例时，教师可以及时给予鼓励和表扬，强化并吸引不肯认错幼儿的模仿行为的跟进，从而唤起他们良好品质的形成，使幼儿在与同伴的互动过程中会慢慢学会了解别人、约束自己。

（4）父母的榜样作用。父母是孩子的第一任教师。家长的一举一动、一言一行都对孩子的良好性格、品德形成起着潜移默化的作用。

有些家长认为，向孩子道歉，会丧失自己的威严，所以为了维护面子，家长在教育孩子的过程中明明知道自己错了，却不愿意在子女面前承认自己的错误。殊不知，孩子会模仿父母的不愿认错行为，因此，父母要勇于向孩子认错，这样不仅可以融洽家庭关系，还可以用现身说法让孩子明白每个人都会有错的时候，认错不是一件丢脸的事情。

3. 以鼓励、表扬为主，消除不利因素

当幼儿犯错时，一些教师的教育方法简单、粗暴，致使幼儿不敢认错。为了逃避惩罚，幼儿只好用说谎、不承认错误等来掩饰自己的过错。要帮助幼儿克服和纠正这种不良行为，教师应该付出更多的耐心和爱心，当幼儿有初步的认错和悔过的表现时，应对幼儿进行及时的肯定和表扬，要肯定幼儿的进步，再帮助幼儿分析错在什么地方，其严重程度、不良后果等，教幼儿应该怎样做，让他从中接受教训。这样不仅能帮助幼儿分辨是非、分清好坏，还有利于巩固幼儿良好的思想和行为，增强幼儿的上进心，既教育了个人，又教育了集体。教师应该鼓励幼儿说实话，并以亲切的态度告诉幼儿："做错了事没关系，只要勇敢地承认错误并愿意改正，就是好孩子。"同时，教师也要严肃地指出："做了错事又不肯承认是错上加错！大家都不喜欢这样的孩子。"

4. 注意差异，区别对待

"人非圣贤，孰能无过。"一个有自控能力的成年人尚且如此，更何况是一个没有自律能力或自律能力较差的幼儿。在幼儿园里，每天都有小朋友在犯错误，只不过程度不同罢了。这需要教师区别对待。

当幼儿有过错时，教师应该把他们的过错分为有意和无意两种行为。然后再根据不同性格的幼儿给予不同的处理。

（1）当幼儿的过错为无意行为时。如果犯错的幼儿是性格外向的孩子，教师可以鼓励他主动去向对方说对不起；如果犯错的幼儿是内向不爱说话的孩子，教师可以从对方入手，通过“只要他跟你说声对不起你还是喜欢他的，是吗”“你也知道他不是故意的，是吗”等话语来激励犯错的幼儿向对方赔不是。

（2）当幼儿的过错为有意行为时。首先不管是内向还是外向的幼儿，教师都应该给他们一些小小的“惩罚”。比如，对于外向型的幼儿，教师可以在给予“惩罚”之后讲道理，让他们明白自己错在哪里；对于内向的幼儿，教师可以把对他们的“惩罚”放在他们完全明白自己错在哪里之后，而且要让他们心甘情愿地接受应得的“惩罚”。

5. 家园教育坚持一致性、一贯性原则

幼儿勇于承认错误的品质的培养是一个长期复杂的过程。幼儿的坚持性和稳定性差，容易受外界环境的影响，因此，教师和家长对幼儿的品质培养必须有一个长期的计划，坚持一贯的原则，并经常督促和检查，以使其巩固。

幼儿在幼儿园和家庭中受着多方面的影响，成人向他们提出了各种教育要求。幼儿的认识能力差，还不能分辨是非，成人提出的教育要求必须一致，否则会使幼儿无所适从，从而造成幼儿行为的两面性，这样，不仅使得幼儿的良好行为得不到巩固，还会对幼儿造成不好的影响。因此，为了让幼儿能勇于承认错误，家园必须密切配合，家园教育必须保持一致，教师间、家庭成员间的教育也必须保持一致，共同制订对幼儿的培养目标和计划，使幼儿勇于承认错误、知错能改的良好品质得到巩固。

美国著名心理学家盖瑞·查普曼博士提醒说：“孩子在小时候就能学会道歉的语言，随着年龄的增长，他们对道歉的重要性会有更深的领悟和理解，为今后的道德和人际关系发展奠定基础。”当今社会需要的是有责任、能担当大事的人才，而勇于承认错误正是一个人走向成功的第一步，也是社会行为的一个重要方面。教师可以通过有目的的教育活动和日常生活内容来培养幼儿勇于认错的行为，让幼儿充分体验知错能改带来的快乐和成功。这样，对于全面提高幼儿的道德品质、使其将来做一个有利于社会的人都具有深远的意义。

培养幼儿勇于承认错误不是一件容易的事。幼儿没有学会道歉，可能是因为不懂是非概念，不知道什么是对的、什么是错的以及为什么是错的，更不知道自己应该怎样改正错误。另外，幼儿缺乏责任意识和自我控制的能力，对自己所犯的错误认识不足，不知道改正，随着幼儿的道德感、羞耻感等高级情感的发展，他们才将逐渐学会知错就改。教师要做的就是，耐心地告诉幼儿为什么错了，错在哪里。

当幼儿有了缺点、犯了错误时，教师应该用一颗宽容之心、平常之心去对待他们。幼儿在成长的过程中有犯错误的权利，教师应结合幼儿的生活经验，采取触动幼儿内心体验的教育方法，让他们通过思考看清自己的缺点，改正错误。

设定规则，培养幼儿的自控品质

（一）培养幼儿自控品质的重要性

幼儿园的老师准备了一堆糖果，告诉幼儿说：“各位小朋友，老师等一下要离开教室。如果有人现在想吃糖，他可以拿一块。如果等到老师回来再吃，到时就可以给他两块糖。”然后，老师离开了，走到教室外面进行观察，并将吃糖和没吃糖的孩子分别记下来。随后，老师让心理专家跟踪观察这些孩子20年。结论是，急着吃一块糖的孩子在人生事业、夫妻关系和谐度、与他人的协作能力以及对自己的情绪的管理能力等方面都要比等老师回来吃两块糖的孩子差。

这就是有名的糖果实验。这个实验的结果有力地证明了自我控制能力的重要性。

自我控制能力是自我意识的重要组成部分，是个人对自身的心理与行为的主动掌握，是个体在没有外部约束或支持的情况下，能够抑制妨碍达到目标的冲动或强烈动机，进而克服困难，排除干扰，控制自己的情绪和行为去完成一定任务的能力。

自我控制能力是一个人成长过程中最重要的个性品质之一，是衡量一个人心理成熟的重要标志。它体现着人对自己与周围环境关系的洞察，对自己适应能力的评价，对自身弱点的关注，并且能够积极地采取措施进行疏导，以适应环境对自己的要求。

就个体的发展而言，自我控制能力强将极大地推动个体的学习和工作，使个体有效地把握自己，促进身心健康，使身心达到一个较高的发展水平。如果自我控制能力差，或没有自我控制能力，个体就会像一辆刹车失灵的汽车，失去控制，以致做出十分荒唐的事情。

学龄前幼儿由于受年龄小、知识缺乏和生活经验少等各方面因素的影响，心理特征表现为很大的随意性和不稳定性，在一定程度上受着外部信息的调节和支配。因此，他们很容易受外界事物的吸引而转移自己的注意力，不会系统地进行思维，也不会控制自己的行为。

另外，一些幼儿受家长无原则的宠爱，养成了以自我为中心、唯我独尊的性格，所以一不如意就使性子、乱发脾气，或者不遵守规则，上课随便说话、插嘴，碰到困难便放弃。

对幼儿来说，学会自我控制是其社会性发展的一个重要方面。自我控制能力的发展会直接影响幼儿的学习、生活、社会交往和个性的发展。良好的自控能力是21世纪创新型人才的必备素质。《幼儿园教育指导纲要(试行)》也明确指出，要以多种方式引导孩子学会自律。

幼儿期是自我控制能力发展的关键时期，所以，教师要引导幼儿培养良好的自我控制能力，让他们能够较好地控制自己的情绪、言语和行为。

(二) 经典教育活动案例

活动目标：

(1) 提高幼儿的物品归属权观念。

(2) 引导幼儿正确对待幼儿园的玩具。

(3) 通过让幼儿认识到集体的东西不能归为己有，提高幼儿的自我控制能力。

活动准备：

手枪、鲜花、橡皮泥、小布熊。

活动过程：

由于幼儿的自我控制能力差，他们常常会把班里的玩具带回家，或者把玩具藏起来。面对这样的现象，由于既要对幼儿园负责，又要对家长负责，所以大多数教师显得左右为难。不过，福建省诏安县机关幼儿园的郭炎珠老师在教育有“偷”的行为的幼儿时却很有办法。

活动一

郭老师认为，幼儿期正是“自我中心”时期，幼儿没有明确的物品归属权观念，觉得“我喜欢的就是我的”“我喜欢的我就带回家”，如果没有被告知，他就会认为班里的玩具就是他的，拿回去玩没有什么不对。所以，这个时期的“偷”并不是真正意义上的偷，只是幼儿心理发展过程中出现的一种正常现象。

蒙蒙聪明活泼，人见人爱，可最近总有小朋友告状，说蒙蒙把班里的玩具拿回了家。这天，当蒙蒙准备离园时，凯凯对郭老师说：“蒙蒙又拿了班里的玩具。”于是，郭老师立刻叫住蒙蒙，果然在他怀里发现一把小手枪。

郭老师明白厉声责问并不能取得良好的教育效果，便微笑着对蒙蒙说：“蒙蒙，这把小手枪是我们的好朋友，它和我们班上的其他玩具是住在一起的，白天和我们一起玩，晚上就回到玩具小家里。要是你把它拿回去了，它就回不了家了，不能和小朋友玩了，也不能和它的玩具伙伴们玩了，你想想，这样它会多孤单呀。你很喜欢小手枪，那你一定不想让它不开心吧？我们是不是该把它送回家呢？”

“我不想让小手枪不开心，我要送它回家。”蒙蒙似乎知道错了，急着要求郭老师和自己一起把小手枪拿回活动室。

第二天，为了让幼儿理解什么是我的，什么是你的，什么是大家的，并且明白“我的，我可以送（借）给别人；你的，如果我需要（喜欢），我可以提出请求借来用（来玩）；大家的，就由大家共同拥有，就要大家一起玩，谁也不能占为己有”的道理，郭老师开展了“我的、你的、大家的”谈话活动，并配以简单的情境表演。

最后，幼儿们明白了，公园里的鲜花很美丽，是大家的，谁也不能摘；幼儿园的玩具很好玩，也是大家的，谁也不能因为喜欢就拿回家去。这以后，蒙蒙终于明白了小手枪是大家的，他再也不把班里的玩具拿回家了。

活动二

有一段时间，班里的橡皮泥经常失踪，幼儿们也多次告诉郭老师“飞飞把橡皮泥拿回了家”，但是经过多次“侦察”，郭老师并没发现“可疑”

情况。

那天，离园时间已过，有几个幼儿没有被接走，飞飞也在其中，郭老师便和他们一起整理美工区域。当拿着几个分量很轻的橡皮泥盒子时，郭老师很自然地说："盒子妈妈好难过，因为它的橡皮泥宝宝不见了。"说完，郭老师偷偷观察飞飞的表情，发现他脸上掠过一丝不安。于是郭老师继续说道："就像你们的妈妈一样，如果找不到你们，妈妈是多么伤心啊。"飞飞一听，马上从口袋里掏出一大团橡皮泥说："老师，我把它送回家吧。"郭老师激动地抱住他说："好孩子，谢谢你。"

第二天，郭老师当着全班孩子的面表扬了飞飞，没有说橡皮泥是飞飞拿了，而说是飞飞帮助盒子妈妈找到了它的宝宝。

事后，郭老师和飞飞约法三章：如果想把橡皮泥带回家玩，就和老师说一声，第二天再带来。

从此以后，郭老师班里的橡皮泥再也没有"失踪"过。

活动三

一天，露露悄悄地告诉郭老师，阳阳藏起了一只小布熊。郭老师注意到阳阳的衣服隆起很高，心想，里面一定藏着那只小布熊。

"阳阳，小布熊被你'关'在衣服里面都快透不过气来了。我们让它出来呼吸一下新鲜空气好吗?"郭老师把阳阳拉到一旁问道。阳阳小脸一红，不好意思地从怀里取出小布熊。"老师知道你特别喜欢这只小布熊，能告诉老师你为什么想把它藏起来吗?"阳阳犹豫了一下，说："晚上天很黑，我们都走了，小布熊会很害怕……"郭老师释然了，原来在阳阳的行为背后隐藏着一份可贵的童真。于是郭老师对阳阳说："晚上，我们虽然回家了，可小布熊还有许多玩具伙伴啊，它们在一起一点也不会害怕。如果你把小布熊拿走，别的玩具会因为失去小伙伴而伤心，你愿意这样做吗?"阳阳摇摇头，轻轻地把小布熊放回了玩具柜里。

"我们给小布熊留张小字条，让你的祝福伴它晚上做个好梦。"为了弥补阳阳心中的一丝遗憾，郭老师进一步提出建议。阳阳对此表现出极大的兴趣。于是，在郭老师的引导下，阳阳给小布熊留下了一张字条："小布熊，好好睡觉。明天我会来看你的……"

让郭老师始料不及的是，这种"爱心留言"主题活动竟在不知不觉中悄然开展起来。其他幼儿纷纷效仿阳阳，给自己最喜爱的玩具留言，给亲爱的爸爸妈妈留言……

（三）反思拓展

从上面的例子可以看出，教师的正确对待和有效引导对于培养、提高幼儿的自我控制能力起着非常重要的作用。所以，教师应运用正确的方法来培养幼儿的自我控制能力，以使他们能够排除干扰，控制自己的愿望和感情。

1. 帮助幼儿建立规则意识

幼儿的自我控制能力最初主要是在外界纪律制约和成人语言指导的影响下，从遵守规则开始的。制订各种各样的规则可以有效地规范和引导幼儿的行为。例如，定时起床，定时就寝，定时定量进餐；夏季每天只吃一次冷饮；别人的书桌和抽屉里的东西不准动；自己的衣物和玩具自己整理等。这样，在生活中，幼儿便会因规则的限制而约束好自己，不做违规的事情。

2. 寓教育于幼儿的玩乐和兴趣中

脑科学研究证实，大脑额叶是控制人的意志行为的器官，幼儿的额叶发育成熟较晚，因此他们在活动过程中情绪不稳定，随意性较大，遇到不顺心或不乐意的事往往会情绪低落，不愿意做一些事情或半途而废。这就要求教师在平常的教育过程中，把握幼儿的这些心理特点，注意把幼儿的兴趣爱好与一定的行为目的结合起来，寓教育于幼儿的玩乐和兴趣中。这样，即使幼儿在自己喜欢的教育活动中遇到困难，也会尽量控制自己的情绪，克服任性，增强自我控制能力。

3. 开展丰富多彩的学习活动

开展丰富多彩的学习活动，是培养幼儿自我控制能力的最佳途径。

（1）主题活动。主题活动是幼儿园常见的一种有效教育方式。教师应把幼儿的需求作为主题教育活动的基点，充分挖掘教育资源，生成一系列培养幼儿自我控制能力的主题活动，使幼儿能对亲身经历的事情产生兴趣，并转化成自身的需求。

（2）自由活动。布洛克认为，在严厉、专断和限制模式的控制下，儿童一般有情绪压抑、盲目顺从等过度自我控制的特征。所以在幼儿教育中，教师应该重视幼儿的自由活动，给予幼儿充分活动的时间，在自由活动时间内让幼儿自由、自主地活动，只要不出现安全问题，教师对他们不要过于限制和束缚。例如，教师可以在教室的一角设置“悄悄角”，里面铺上地毯、软垫、书、蜡笔和纸，当幼儿心情不好想独处时，就可以一个人呆在里面；也可以在另外一个角落设置“消气商店”，里面放上各种供消气的东西，如垂挂的大沙包、录音机、软垫和小蹦床等，当幼儿感到自己心情不好或者很生气时便可以进去打一打、跳一跳和疯一疯。这样的角落设置非常有助于疏导、缓解幼儿的消极情绪，从而有效地培养和提高幼儿的自我控制能力。

（3）游戏活动。游戏是幼儿的主要学习活动，教师应选择合适的游戏有效地培养幼儿的自我控制能力。

实践研究证明，有两类游戏对培养幼儿的自控能力非常有效。一类是操作性游戏，如自制拼图、种小植物等游戏；另一类是情节性游戏，如“老鹰捉小鸡”“小白鸽历险记”和“打怪兽”等游戏。在第二类游戏中，音乐、道具和角色是不可或缺的要素。可以说，教师制造的情境越逼真和夸张，幼儿自控能力的培养效果就越好。

4. 教给幼儿自我控制的方法

自我控制行为的产生，一方面与自我控制意识的发展有关，但另一方面有效的自我控制策略的获得也是一个必要前提。除了培养幼儿的自我控制意识外，教师还应教给幼儿一些自我控制的方法，如寻求帮助策略、延迟满足策略和想一想再去做的策略等。这样，教师才能更好地帮助幼儿对自己的行为进行调节和控制。

5. 运用适当的言语暗示

幼儿毕竟是幼儿，生活中难免会做出一些“出格”的事情。对此，教师不应动辄发怒训斥，而应冷静沉着，可以用言语暗示幼儿控制自己的行为。例如，处于兴奋状态的幼儿把教师刚贴好的墙饰给撕了下来，这时，如果教师大动肝火，只能使他产生一时的惧怕，教育效果未必好，而如果教师能假装不知地问："哟，画上的小花小草哪儿去了，没了小花小草不好看了嘛!"通过暗示让幼儿知道不该这样做，明白撕墙饰的后果，这样就能取得更好的教育效果。

适当的言语暗示既不会伤害幼儿的自尊心，又会让幼儿领悟到该怎样做才是正确的行为，从而学会克制自己，形成初步的自制能力。

6. 让幼儿适当经受挫折

有些幼儿受到挫折时难以控制自己的情绪而大哭大闹，甚至产生强烈的挫折感。挫折、困难是每个人在生活和学习中必然会遇到的。对于受挫的幼儿，教师应积极诱导，鼓励他树立战胜困难的信心，学会正确评价自己，保持良好的自我情感体验，维持心理平衡，从而在失败或困境中增强自我控制能力。

7. 以奖励促进幼儿的自信心

缺乏自我控制能力的幼儿，做事时总不能够让自己集中注意力，因此难以坚持做好一件事情，最终还会产生自卑心理。对于这样的幼儿，教师切不可操之过急，而应该不厌其烦地引导、帮助他们，当他们取得一点进步时，便及时奖励或鼓励，以增强其自信心，从而提高其自我控制能力。

8. 让幼儿自己决定

有些教师认为幼儿小，不懂事，因而时时处处将自己的意愿强加于幼儿，扮演指挥者的角色。殊不知，强扭的瓜不甜，因为自己的想法总被否定，幼儿很容易产生抵触心理，因为教师决定的可能并不是幼儿感兴趣的事，因而幼儿便不能专心致志地去做。这对培养幼儿的自我控制能力显然是不利的。所以，教师应多给幼儿提供自我决定的机会。例如，教师应多征求幼儿的意见，问幼儿"今天你愿意帮老师收碗吗""你想玩'娃娃家'，还是'农贸市场'的游戏呢"，通过询问，让幼儿自己决定，即使他选择了拒绝也可以。教师应注意，切不可用“你看……行吗”“请你……好吗”等委婉的发问作为发号施令的幌子。

另外，既然给了幼儿选择的权利，教师就应该能接受幼儿的决定，而没有充分的选择余地时，最好不要让幼儿选择。

9. 充分发挥榜样的作用

在研究社会模仿对儿童自我控制能力的影响时，心理学家班杜拉发现榜样在儿童自我控制发展中起着重要作用。因此，教师应充分发挥榜样作用，让幼儿学会自我控制。

（1）保持自己在幼儿心目中的良好形象。教师的一言一行都是幼儿模仿的对象、学习的榜样。因此，教师要时刻注意自己言行的影响，克制自己的不良情绪，不要动辄就发脾气，要以自己的良好言行感染幼儿，使幼儿的自我控制能力得到良好的发展。

（2）重视同伴对幼儿的榜样作用。优秀的同伴常常能为幼儿树立一个积极的行为榜样，促进其良好行为品质的形成。因此，教师可以为幼儿树立同伴的良好榜样，鼓励幼儿向同伴学习，这样往往能有效地影响、带动幼儿，促进幼儿自我控制能力的提高。

（3）利用文学艺术作品影响幼儿。我国有许多优秀的文学作品，而幼儿喜欢听故事、念儿歌，又善于模仿，易受感染，所以，教师可以利用文学艺术作品中的良好形象去影响幼儿。此外，教师还可以自己创编一些贴近幼儿生活的小故事，引导幼儿向作品中的人物学习，养成严格要求自己、努力克制自己的习惯，进而提高自我控制能力。

幼儿在成长过程中发生的一些事情、出现的一些问题，都是其特定年龄下的正常表现，只是有的表现强一些，有的表现弱一些。自我控制力差是幼儿的正常表现，教师应该对幼儿报以宽容的微笑，并俯下身来，真诚地引导他们、帮助他们，并相信幼儿会很快迈过这个坎。否则，如果教师把问题看得过于严重，反而会在幼儿心里留下阴影，影响幼儿的健康发展。

引导幼儿在关爱他人的过程中培养乐于助人的品质

（一）培养幼儿乐于助人品质的重要性

有这样一位母亲，她让孩子每天至少做一件好事，然后把做过的好事记录在本子上。

一天，母亲叫孩子搭公交车时把座位让给年迈的老奶奶。于是，孩子在本子上留下了这样的记录："今天我把座位让给老奶奶，她特别高兴，一直在夸我懂事，我心里别提有多高兴啦。"

第二天，他又写道："我今天帮成绩不好的小明讲解习题，他非常感谢我。我也懂得了帮助他人原来也会使自己心情愉快。"

久而久之，孩子在不经意中养成了乐于助人的良好品质，而在给别人带来快乐的同时，他也感受到了快乐。

乐于助人，就是要求人们善于理解他人的处境、他人的情感和需要，随时准备从道义上去支持别人，从行动上去关心、帮助别人。

乐于助人是中华民族传统美德的重要组成部分。它以儒家文化为轴心，融诸子百家思想而建立，"扶危济困""见义勇为""专趋人之急，甚于己私"等公益之心、公义之举，无不体现着乐于助人这种传统美德。这一传统美德对人际关系的调整、对道德的完善，起到了重要作用。

《公民道德建设实施纲要》将"乐于助人"作为社会公德的重要内容予以提出，突出了为他人、为社会提供服务和帮助的道德实践活动的重要性。幼儿是祖国的未来，从小培养他们乐于帮助他人的品德，对其今后形成高尚的情操、健全的人格有不可估量的影响。同时，乐于助人的品质还有利于幼儿构建和谐的人际关系。所以，教师一定要担负起幼儿人生引路人的职责，重视培养幼儿乐于助人的品质，让幼儿在他人有难时及时伸出援助之手。

（二）经典教育活动案例

活动目标：

（1）通过交流讨论，让幼儿做个好孩子，并感受助人之乐。

（2）让幼儿懂得友爱互助会给自己和大家带来快乐。

活动准备：

配乐磁带、点心。

活动过程：

活动一

课堂上，教师先给幼儿播放了《一位盲人的感谢信》这首歌，让幼儿体会乐于助人的快乐。

接着，教师带领幼儿学习故事中的词语："绊倒""赶紧""扶起""甩""向导""清脆"等。

然后，教师引导幼儿点评信中的大姐姐，讨论她为什么是个好榜样，应如何向她学习。

老师问："信中的大姐姐帮助那位阿姨做了哪些事呢？"

幼儿们纷纷回答："阿姨绊倒了，大姐姐把她扶起来。"

"大姐姐帮阿姨找回了拎包。"

"大姐姐给阿姨做向导。"

"大姐姐把阿姨送过了大街。"

"傍晚时，大姐姐准时把阿姨接过小桥。"

"下雪天，紧紧把阿姨搀扶。"

"下雨了，大姐姐给阿姨打雨伞。"

……

教师继续引导道："那我们是否也应该向大姐姐学习啊？"

"是！"幼儿齐声回答。

活动二

平时，军军总是爱欺负别人，不管其他幼儿有没有惹他，他都会推推、拍拍人家，有时甚至还咬人家一口。每当这时老师总是很生气，总是狠狠地批评他，但他并没有因此而收敛，依然喜欢招惹别人，搞得其他幼儿经常找老师告状。

集体活动结束后，教师组织幼儿去厕所。忽然听见有人在叫老师，转身一看，几个幼儿跑了过来，生气地说："老师，军军又用手推人了。"这时，军军正站在不远的地方，没事人似的看着老师。老师很生气，又批评了他几句。

午睡起床时，老师提醒幼儿们整理衣服，不会的可以请好朋友帮忙。这时，老师看到军军在帮边上的同伴穿鞋子。吃点心时，军军自己先吃完后，还拿勺子喂边上的小朋友。

看到这些，老师忙用赞扬的口气说："军军真棒，这才像个乖孩子，小手真能干，还会帮助别人。"

一会儿要开始集体活动了。老师亲切地对军军说："军军，你过来，请伸出你的双手。"然后，老师对全体幼儿说："军军今天用这双小手做了好几件好事。"

当时，教室显得很安静，因为大家都很惊诧这个总欺负他们的军军也会做好事。

"他用这双小手帮助不会穿鞋子的同伴穿好了鞋子，还喂同伴吃点心。他做了好事，我们大家应该表扬他。"

教室里立刻响起了热烈的掌声。

接着，老师充满信心地说："老师相信军军这双小手以后肯定不会再推别人、打别人了，而是会做很多很多的好事。你们相信他吗?"

老师刚说完，幼儿们就异口同声地说："相信!"

军军以后果然有了明显的变化，时常为别的幼儿搬凳子，帮老师拿东西，和同伴的关系也亲近多了，告他状的小朋友越来越少。

活动三

这天放学后，没被接走的幼儿都在园里的橡胶乐园玩儿。忽然传来一个小孩歇斯底里的哭喊声。寻着哭声望去，原来是英英自己一个人站在游乐园的最高点，无助地哭泣着。

这时，英英的爷爷正好赶来接孩子。看到小孙女在那里无助地哭，他呆住了，因为那个游乐场是由绳子组成的一个弯曲小通道，路线长，而且高，有点危险。幼儿上去后只能自己下来，成年人是没法上去帮忙的。

这时，又来了一些接幼儿的家长。看到此情此景，大家面面相觑，也束手无策，老师更是着急。

英英的哭声越来越大，这时，同班的雯雯忽然挣脱了妈妈的手，从绳索中钻了进去。雯雯妈妈一看，忙说："雯雯，你不要去玩那个了，不然等下你也下不来就惨了。"

谁知，雯雯并没有理会妈妈，而是继续向前进。眼看着就爬到英英身边了，只见她说："我走在前面，你跟在我后面，我们一起慢慢下来，别害怕!"

英英果真停止了哭泣，乖乖地跟在她后面小心翼翼地下来了。

在场的家长一看英英安全地下来了，都不约而同地称赞雯雯。因为谁也没想过找一个小孩子引导她下来。大家都说雯雯真的很勇敢。

雯雯平时在家被妈妈呵护得很好，在班级里也不是特别喜欢冒险的孩子。可是此时，这个五岁的孩子却勇敢地帮助了英英。

老师一把搂过雯雯，高兴地夸她："真棒!"同时，老师又对其他幼儿说，"我们其他小朋友是不是都应该向雯雯学习啊?"

其他幼儿一听，立刻给雯雯鼓掌，羡慕地看着雯雯。

雯雯则羞涩地笑了。

活动四

音乐活动时，娜娜接连打了好几个喷嚏，鼻涕都流到了桌子上，以至于老师的钢琴声不得不经常暂停。

其他幼儿都在埋怨："谁呀？怎么老打喷嚏呀?"

原来娜娜感冒了。不上课时，老师总拿纸巾给她擦鼻涕，可是现在，老师腾不出时间来，她的两条鼻涕只好又懒洋洋地挂在鼻子下了。

坐在前面的小怡扭头看见了，立刻从口袋里拿出一张纸巾出来，像个大人似的帮娜娜擦，而娜娜则一动不动地让她擦。

这时，小怡看见老师在看他们，连忙缩回了手，很不好意思地笑了笑，然后轻轻地说："老师以前也是这样帮小朋友擦鼻涕的！呵呵，我也会帮她擦鼻涕的。"

老师笑了，立刻当着全班幼儿的面表扬了小怡："小怡，你帮她擦得很干净，真是个好孩子！"小怡听了老师的表扬，开心地笑了。

班上的其他幼儿听了，都鼓起了掌。

这时，娜娜的同桌小鹏不好意思地说："其实，我坐她旁边，给她擦最方便了，可是我怕擦不干净。"

老师连忙鼓励道："小鹏有这个心很好。不过，我想你那么乐于帮助娜娜，她是不会介意的。大不了多擦几下嘛！"

"那一会儿我帮她擦。小怡就不用再扭头给她擦了。"

（三）反思拓展

现在的幼儿多是独生子女，从小娇生惯养，心里只有自己，不太会为别人着想，因而和小伙伴相处时，总是斤斤计较，为了自己的一点利益不顾一切，惹得大家对他"敬而远之"。当然，也有一些幼儿乐于主动帮助他人，懂得谦让，总是得到教师和其他幼儿的喜欢、信任，使得大家乐意和他玩耍。

教师培养幼儿乐于助人的品质很重要。教师教育幼儿帮助别人，不能只简单地说教，而应多管齐下，采用一些幼儿喜欢的、乐于接受的教育方式。

1. 让幼儿阅读有关乐于助人的图书

现在，越来越多的儿童读物关注培养幼儿慷慨大方、乐于助人的行为。教师可以在班级的图书角多摆放一些这样的书籍，同时可以给幼儿推荐一些这样的故事类书籍，并和幼儿一起阅读，把故事中的哲理告诉幼儿，让幼儿通过故事懂得乐于助人的道理。

教师还引导幼儿讨论乐于助人与不乐于助人会有什么不同，或者可以引导幼儿联系自身的实际情况回忆发生在自己身上或身边的事情，结合故事，谈谈感想。

2. 给幼儿布置助人的任务

教师可以给幼儿布置一些任务，让幼儿在园里做点有益的事，比如帮老师拿书、教具、作业，或把自己的玩具借给没有的幼儿，这些都可以培养幼儿乐于助人的品质。

当然，不是所有幼儿都能自觉、积极地去做这些事，对此教师可以鼓励他们，教他们。

3. 创造温馨的教育氛围

教师可以在班级里经常鼓励幼儿奉献爱心，一旦发现幼儿有乐于助人的行为，比如帮其他幼儿摆碗筷、盛饭，扶起碰倒的板凳等，就及时予以表扬，并鼓励大家向其学习。

此外，教师还可以在教室的墙壁上、板报里，张贴、书写一些乐于助人的文字、图画，让幼儿每天欣赏，潜移默化地接受教育。

4. 教师做幼儿的榜样

如果教师做出示范，幼儿们喜欢参加志愿活动、帮助人的可能性就会增加。所以，平时教师应多做一些好人好事，给幼儿树立一个榜样。

如果教师言行不一，幼儿只会模仿教师的行为，即使教师把原则和指令讲得头头是道，也没有一点用处。

5. 为幼儿提供关心别人的机会

幼儿需要认同自己是班级、幼儿园或社会中有价值的成员，因此教师应尽量给他们提供关心和帮助他人的机会，试着让幼儿帮教师或小伙伴做一些力所能及的事情，如收拾教室、餐桌、床铺等。

6. 培养幼儿爱他人的情感

有些孩子接受了父母和周围人过多的爱，而自己却缺少爱人之心。这是一种危险的倾向，长此发展下去，幼儿就会形成“以自我为中心”的性格，变得自私、任性。

爱是双向的，而不应是单向的。要培养幼儿乐于助人的良好品质，教师就要培养幼儿爱他人的情感。教师可以通过各种具体活动使幼儿对别人有同情心，学着关心和热爱自己的父母、教师及身边的小朋友。

7. 家园配合，共同教育

幼儿园和家庭是两个背景不同的场所。进入幼儿园后，幼儿除了受到幼儿园教育，还继续受到家庭教育的影响。家长的品德个性、习惯爱好和为人处世的态度等对幼儿优良品德的形成和发展具有特殊的潜移默化作用。

父母是幼儿的第一任老师。幼儿良好的行为习惯的形成在很大程度上取决于家庭教育，但当前的家庭教育却往往存在着溺爱、纵容孩子的现象，父母对幼儿的一些无理要求也无条件答应，结果使一些幼儿养成了任性、自私等不良习惯。

针对这种现象，教师应采取办家长学校、开家长会、家访等形式，向家长讲明重视智力教育的同时更要注意幼儿的品德教育，同时还要有选择性、针对性地介绍一些家教知识，使家长能积极、主动地与教师配合，更好地对幼儿进行品德教育。

乐于助人是一项很实在、很普通的道德要求，看似容易，但是要真正做到却有一定的难度。培养公民乐于助人的品德，要从幼儿抓起，通过加强社会公德教育，引导和组织幼儿参与以“乐于助人”为主题的班级活动等形式，逐步提高幼儿的道德修养水平，帮助幼儿建立良好的人际关系，进而推进幼儿的道德建设进程，让他们成长为一个人格健全的人。

在日常活动中培养幼儿的感恩品质

（一）培养幼儿感恩品质的重要性

这天放学，小阳的奶奶接小阳晚了。小阳一看到奶奶，就跑了出来，一边叫着“奶奶”，一边把脚伸得老高。原来他的鞋掉了，奶奶立刻蹲下身子给他拉上鞋子。当奶奶要站起来时，小阳却动作非常利索地朝奶奶的小腿踢了一脚，嘴里还不满地念叨：“谁叫你来那么晚的啊？其他小朋友都走了。”

奶奶赶紧赔笑：“不是为了给你买你喜欢的面包吗?”说着，就去掏包里的面包，却没有去摸被小孙子踢了一脚的腿。可是从奶奶的表情看，显然是被踢疼了。

没有阳光，就没有温暖；没有水源，就没有生命；没有父母，就没有我们……对于这些浅显的道理，没有谁不懂，可是有人却常常缺少一种感恩的思想和心理。许多事情，包括父母无微不至的照顾、教师呕心沥血的教导、旁人义不容辞的帮助，都不是理所当然的。

幼儿期是一个人心理发展迅速、可塑性很强的时期。“三岁看大，七岁看老”，个体生命早期的发展状况对人一生的发展起着重要的奠基作用。正如贺拉斯·曼所说的：“凡是任何事物生长的地方，一个塑造者胜过一千个再造者。”

幼儿阶段是一个人的性格、习惯、品德形成的重要阶段，在幼儿阶段进行感恩教育有着十分特殊的价值及意义。因为幼儿天真、纯洁，对爱有天生的需求，对善、美有本能的向往。教师如果在这一时期为幼儿创造一个充满关爱的教育氛围，运用合适的教育手段培养幼儿的感恩意识，就能增强感恩教育的效果，让幼儿成长为一个知恩必报的人。

（二）经典教育活动案例

活动目标：

（1）激发幼儿的感恩意识。

（2）引导幼儿做出感恩行为。

（3）逐步培养幼儿的感恩品质。

活动准备：

小枕头、宽大的衣服和纸巾。

活动过程：

活动一

蕾蕾又迟到了。看到老师，她就抱怨："都是妈妈不好，做什么都慢。"

老师知道其实是蕾蕾又赖床了，但是没有戳破她的谎言。下午活动课时，老师说："老师知道小朋友们都喜欢过家家，扮演爸爸妈妈。今天呢，老师就找一个小朋友来扮演'大肚子'妈妈。"

说着，老师把一个用布包好的小枕头拿出来，晃了晃："可是，选谁呢？蕾蕾可以吗？"

蕾蕾起初很犹豫，但是其他幼儿起哄，说："就是蕾蕾了。"她只好点头答应。

老师给蕾蕾穿了比较宽松的外套、裤子，然后把小枕头给她绑在了腰上："蕾蕾，你今天要当半个多小时的孕妇妈妈。期间，你不准跑动，不能弯腰，不能去人多的地方，不能拍皮球，要像个真的准妈妈一样，否则小宝宝可能会因为你的乱动而死掉的。"

十来分钟后，蕾蕾说："老师，我想去厕所，可以解下来吗？"

"不可以。你看哪个妈妈去厕所时把小宝宝从肚子里拿出来的呀？"

蕾蕾只好带着"小宝宝"去了厕所。

那节课下来，蕾蕾显得很累。她说："老师，当妈妈真不容易，真辛苦，真不方便啊！累死我了。”

“是啊！每一个当妈妈的都不容易。蕾蕾刚才才当了40分钟的准妈妈，而我们的妈妈呢，要经过十月怀胎，还要在我们婴儿的时候没日没夜地照顾我们，所以我们应该体谅她们，帮助她们分担一点事情。小朋友们说对不对啊?”

“对!”

“那我们都可以帮妈妈做什么呢?”

“早晨自己起床，不要妈妈叫，自己穿衣服。”

“吃饭前，帮妈妈摆好碗筷。”

“妈妈来接我时，我要跟她说‘妈妈辛苦了’。”

“回家做手工时，不要妈妈看着了，让她多休息会儿。”

……

“小朋友们说得真好。帮妈妈多做一些力所能及的事情，感激妈妈对我们的好，就是对妈妈最大的爱。”

“我以后再也不嫌妈妈这里不好那里不好了。”蕾蕾不好意思地说。

活动二

接受了别人的帮助，说一句“谢谢”简单吗?很简单，可是一些幼儿却不会。

中午吃饭时，老师会给幼儿们盛汤。大多幼儿对这种成年人付出的劳动习以为常，根本不会感恩，可是有一个叫小语的幼儿总是在老师给他盛好汤后说句“谢谢”。

“不用谢!”老师总会和蔼地回答，然后就不失时机地予以表扬：“老师最喜欢给小语盛汤啦，因为他总会说好听的话。”

就这样一句简单的话，就让更多的幼儿愿意成为老师喜欢的孩子，他们也学着小语的样子，轻轻地对老师说一声“谢谢”。

幼儿小夏性格孤傲、冷漠，平时就不大尊敬老师，有时还会跟老师顶嘴，更不用说谢谢老师了。

但是老师没有气馁，依然和蔼地对待他。

有几天，小夏感冒了，总是流鼻涕、咳嗽。鼻涕刚擦完一会儿就又流出来了。同桌总是悄悄地和其他幼儿说：“好脏啊!”说得小夏特别不好意思，甚至都要与他对骂起来了。

见到此情此景，老师批评小夏的同桌："我们不可以笑小夏。他现在生病了，本来就不舒服，怎么还能笑话他呢？想想我们也有生病的时候，那时大家都笑话你，你会怎么想？"

对于老师的帮助，小夏也没有说什么。

虽然很忙，老师还是一有时间，就跑过来给小夏擦鼻涕，并且一边擦还一边说："乖啦！你多喝点水，很快就好了！""要擦轻一点，不然我们小夏的鼻子就被擦掉了。"

小夏生病的那几天，老师一直都照顾得很好，没有抱怨过小夏一句。

这天中午盛饭时，老师一边盛一边说："我们先给小夏盛，因为他病了，要吃热一点的。"小朋友们谁都没有争抢，而是静静地坐着等。

看到老师把饭菜端过来，小夏眼眶湿润了，他轻轻地说了一声"谢谢"。

（三）反思拓展

"感恩的心，感谢有你，伴我一生，让我有勇气做我自己……"作为成年人，我们已经懂得了《感恩的心》这首歌的内涵，但是幼儿不懂。

陶行知曾经说过："教师所要创造的是真善美的活人。"所以，接受了幼儿园教育的幼儿，不能再出现年老的奶奶蹲在地上系鞋带，幼儿却心安理得地不说一声"谢谢"的情况；也不能出现大小便在身上，老师毫无怨言地帮其换上干净衣服，幼儿却认为理所当然，没有任何表示的情况；更不能出现妈妈、教师和小朋友费尽心思准备生日聚会，而小寿星却只懂得高兴地接受并没有想到要感谢妈妈的养育、老师的教育和同伴的友情的情况……

所以，教师在幼儿园中应当与幼儿一起创造一个真善美的小世界，让孩子在感受别人爱的同时，也尝试着去回报别人。

1. 以身作则，培养幼儿的感恩意识

教师是幼儿的第二父母，在幼儿眼中是无所不知、无所不能的完美圣人，教师的言行对幼儿有着潜移默化的作用。所以，在平时一日活动中，

要求幼儿做到的，教师自己必须先做好。对于幼儿表现出的关爱行为，教师应及时说声“谢谢”。

幼儿天生爱模仿。教师对他人的帮助时时怀有感激之心的行为与言谈往往会给幼儿留下深刻的印象，使得他们也会有意无意地做出类似的行为。

德育活动是一种养成教育，所以教师应随时注意自身的言行，用正面的言行影响幼儿，使幼儿在潜移默化中养成感恩品质。

2. 将感恩活动渗透于生活中

对幼儿进行感恩教育，教师应注意时时、处处都要进行。

（1）在日常生活中开展。晨间谈话时，教师可以有意识地安排一些“我为××做什么”“当××为我做什么时，我应该怎么办”等话题，让全班幼儿都来分享他人帮助自己以及自己回报他人的快乐。

这可以让幼儿明白，自己的成长需要很多人的爱，有很多人甚至包括陌生人都付出了心血，而他们同样也需要爱，从而由“被爱”向“施爱”转化。

每逢妇女节、母亲节、父亲节、重阳节等节日，教师还可以相应开展一些活动，让幼儿做一些给父母捶背、送杯热茶、帮妈妈擦桌抹凳等感激、回报父母的事。

（2）在课堂教学中开展。平时，教师可以收集一些与感恩有关的故事，如《羊羔跪乳》《乌鸦反哺》《陈毅探母》等，讲给幼儿听，然后让幼儿讨论，让幼儿明白感恩的道理。

教师还可以带领幼儿学唱《感恩的心》《妈妈的吻》《世上只有妈妈好》等“感恩歌”，或是在特定的日子，引导他们为特定的人做一些令其感动的小事情。

（3）在游戏中开展。幼儿的一日生活离不开游戏。教师可以在游戏中对幼儿开展感恩教育，设计“我来当妈妈”“如果我是爸爸”“我做一天的小老师”等游戏，让幼儿通过亲身体验，真切地感受到爸爸妈妈和老师对自己的付出。

比如，通过参与“我来当妈妈”这个游戏中抱着小娃娃走、吃饭、干活等环节，幼儿往往会在妈妈来接时，选择不让妈妈抱而自己主动走回家。

可见，在游戏中体验并学会感恩是让幼儿形成感恩品质的有效途径。教师可以多设计一些类似的游戏。

(4) 引导幼儿换位思考。教师可以创设一些情境，引导幼儿用心理换位的方式积极参与感恩活动，体会父母呵护、养育他们的艰辛。比如，教师可以开展“我做猫妈妈”的活动，要求幼儿亲自喂养小猫，让幼儿通过活动感受到自己无忧无虑的生活是与父母的无私奉献、殷切关怀分不开的，从而学着去感激父母、关心父母，然后再将此感恩之心扩大到其他人。

3. 家园一致，使感恩教育无处不在

洛克说过：“儿童的举止大半是模仿出来的。”成年人在幼儿心目中有很高的威信，一言一行都潜移默化地影响着幼儿。幼儿园教育毕竟是有限的，幼儿有相当一部分时间是生活在自己家中的。如果整天看到父母冷漠、自私地对待老人，他很难学会感恩父母、感激别人。

相信很多人都还记得《妈妈，我帮你洗脚》的公益广告。这则广告告诉我们：家庭是幼儿的第一所学校，家长是幼儿的第一任教师，幼儿的良好品质的形成，首先源于家人有此良好品质，所以在得到家人帮助时，家长应真诚地说“谢谢”，还可以拥抱他们，感谢他们的付出。这些事情看似不起眼、不经意，但却充满“爱”，会慢慢地为幼儿所感受、所接受。久而久之，幼儿会在这样的氛围中不自觉地表达自己的关爱与关心。

教师可以对家长提一些建议，请他们注意自身的言行，给幼儿做出良好的榜样。

感恩是对他人、社会和自然给自己带来的恩惠和方便在内心产生认可并意欲回报的一种认识、情怀和行为。这是每个人都应该具有的基本道德准则，也是做人最基本的修养。《新三字经》有云：“能温席，小黄香，爱父母，意深长。”“滴水之恩，当涌泉相报”。“谁言寸草心，报得三春晖”。教师应让这些优良的道德文化滋润和熏陶幼儿的心灵，并通过活动的培养、身体力行的榜样作用，让幼儿成长为一个懂得感恩的人。

借助同伴的力量培养幼儿的上进心

（一）培养幼儿的上进心的重要性

上进心也称“进取心”，是人们要求进步、不甘落后的心理意愿，是人们勇于开拓、不断前进的内在动力，是人们坚持理想、追求的思想信念，是引领人们不断谋求发展的精神导向与动力源泉。上进心是一种顽强进取的精神，意即人要有目标，有自我约束能力，要持续地坚持和努力，这样，才能每天进步一点点，不断地超越自己。

对于幼儿来说，上进心恰恰是他们这个阶段最缺乏的，“玩”才是他们的最大兴趣和乐趣。如果他们在幼儿园中不能体会到乐趣，对他们而言，上幼儿园就是一件痛苦的事情，碰到困难就很难坚持下去。为此，培养幼儿的上进心就显得尤为重要。

1. 上进心会让幼儿有“不满足感”

成功学大师罗伯逊说：“如果一个人对自己的现状很满意，他就会停滞不前。人当然不应该对自己的命运感到失望和不满，但人永远不应该满足。”人生就像爬山，只有具备雄心壮志，才能不断前进，否则，永远无法爬到顶端。如果让幼儿有“不满足”感，他就会环顾左右前后，就可能发现许多自我成长的机会。

不具备上进心的人，会成为一个容易满足现状的人。正是“不满足”造就了人类历史上的伟大精英。因为，只有具备“不满足”的激情，一个人才会产生改变现状的上进心，才会去追求完美。这既是一个人获得成功动力的最终源泉，也是人类进步的奥秘。“不满足”能激励一个人从弱者变成强者，从失败走向成功，从苦难走向幸福，从贫穷走向富裕。

幼儿起初会具备一些模糊的“梦想”，这些“梦想”恰恰是由“不满足”而来。有了“不满足”，幼儿才能产生“梦想”，接着把“梦想”变为“目标”，再变为“行动”。如果能将“行动”坚持到底，将会给幼儿未来的成功奠定坚实的基础。

2. 上进心会让幼儿提前拥有“梦想”

希望是成功的原料，它可以转变成信心，再变成决心，最后变成行动。如果一个人有了“梦想”，即便不能实现，也还是有价值的，因为这种“梦想”可使一个人看到许多可能的机会，这是没有“梦想”的人难以看到的。

培养幼儿的上进心会让幼儿提前拥有“梦想”，这样的“梦想”虽然可能是幼稚的，但在上进心的督促下，幼儿随着年龄的增长，会将“梦想”逐步现实化，最终成就自己。如“钢铁大王”卡内基很小的时候便经常对他的弟弟汤姆谈论他的种种希望和志向。他说假如他们长大些，他要组织一个卡内基兄弟公司，赚很多钱，以便能够替父母买一辆马车。他们天天玩着此类游戏，自然而然地在他们的内心保持了许多梦想。正是这种“假如”的游戏总是催促卡内基努力工作，等到机会真正来了的时候，他便在现实中抓住，正如他抓住理想一样，最后他终于将理想变为现实，成了举世闻名的“钢铁大王”。

3. 上进心会让幼儿树立明确的目标

伟大的思想家和诗人歌德说：“人的一生中最重要的就是要树立远大的目标，并且以足够的才能和坚强的忍耐力来实现它。”一个人只有在幼年就确立雄心壮志，才能够为人生之路奠定可靠的基石。一个人只有从小具备了这样的品质，才能督促自己去完成目标，抵抗那些足以毁灭自己前途的诱惑。只有具有伟大的目标，只有执着地追求有意义的人生，一个人才能在世界上做出一番大的成就。

幼儿如果确立了远大目标，就会成为一个不安于现状、追求完美、精益求精的人。他会努力朝着理想的目标前进，将可能变为现实。没有上进心的幼儿不会提早确立远大目标，只会满足于低标准。相反，如果幼儿提早具备“希望通过不懈的努力来改善自己的处境”的意识，他就会为此不断上进。

4. 上进心会造就幼儿坚韧不拔的意志力

一个人即使总计划着未来的生活，如果不进行坚持不懈的努力，不能将其变为现实，那么，这些计划将永远只是计划，永远只是纸上谈兵。试想一下，如果没有工人付出艰苦的劳动去建筑大厦，那么，建筑设计师的蓝图始终也不过是一张纸而已。

所以，要想将幼儿的梦想变为现实，一定要让幼儿具备上进心，并教导他们这样去做：(1) 使目标具体化；(2) 集中精力，全力以赴；(3) 将目标变为现实。

幼儿具有很强的可塑性，作为幼儿阶段最主要的教育者，教师要善于从幼儿身上了解他们的兴趣和性格特点，观察和发现他们时隐时现的闪光点，并将其作为教育他们的突破口和推动其上进的动因。

(二) 经典教育活动案例

活动目标：

(1) 让幼儿产生得到小红花的渴望。

(2) 让小红花激励上进的作用发挥到最大。

活动准备：

各类“小红花”。

活动过程：

陈倩玮是江苏盐城市六一幼儿园的优秀幼儿教师，她在培养幼儿上进心时运用了司空见惯的“小红花”奖励办法，却让“小红花”真正发挥了最大的激励作用。她的具体做法是：

首先，进行积极乐观的自我意识教育。为了给幼儿创设一个能使幼儿感受到接纳、关爱和支持的良好环境，陈老师寻找每一个幼儿的闪光点，让幼儿相信自己是有能力的，树立幼儿的自信心，时时以肯定的语气鼓励幼儿的进步，让每个幼儿都去争取得“小红花”，给他们一个积极自主的空间，从而正确引导他们产生对荣誉的渴盼，使他们得到真正意义上的上进意识。

其次，巧用“分类奖‘红花’”。陈老师认为每个幼儿都有优点和缺点，教师可以以此设置出系列“小红花”：如卫生“小红花”，手工“小红花”，表演“小红花”，巧嘴“小红花”等，让幼儿都有机会在不同的情境中得到鼓励，也知道自己在哪些方面有欠缺。在激发幼儿上进的同时，又能让幼儿意识到自己的不足，而不是笼统地扣上“表现不好”的帽子。

第三，变罚为奖。幼儿在受到惩罚时会变得沮丧，受到奖励时会变得更积极更主动，更有信心和上进心。在日常的教育活动中，陈老师总能转换角度，将原有的消极惩罚变成积极奖励。比如，她会请不按要求洗手的幼儿来当“小小观察员”观察别人洗手时是否遵守规定，请吃饭讲话的幼儿当“小小监督员”监督别人用餐时是否讲话，让他们积极参与，再及时发“小红花”以示鼓励。在这样的安排下，那些做得不好的幼儿就会被激发出上进心，对“小红花”不仅会有更积极的争取心理，还形成了良好的行为习惯。

陈老师说：“《幼儿园教育指导纲要（试行）》中明确指出‘教育评价是幼儿园教育工作的重要组成部分，是了解教育的适宜性、有效性、调整和改进工作，促进每一个幼儿发展，提高教育质量的必要手段。’”而表扬和鼓励是教育评价中最常用的方式，也是幼儿教育中的一种强化手段。表扬是对幼儿的正确行为的确认和肯定；而鼓励则能帮助幼儿明确是非，提高其学习良好行为的信心和上进心，促进幼儿良好个性的发展。

一个幼儿如果经常能受到表扬鼓励，那他就会越发自信和充满上进心。送给幼儿最好的奖励是什么呢？是由衷的赞美还是漂亮的衣物？是好吃的糖果还是缤纷的玩具？……也许家长的选择很多，而幼儿园的老师给予幼儿奖励最多的可能还是“小红花”。

陈老师认为，作为教师平时教育幼儿而使用的一种辅助教育材料，“小红花”对教育工作的有效开展有着不小的作用。“小红花”对于家长和幼儿来说有着极大的魅力，从某些角度来看，它的确也是幼儿积极进取的一个动力，但是有些教师一味地用“小红花”，只要幼儿出现良好行为的时候，教师就会强调要发“小红花”，而忽略了幼儿行为本身的意义，这让幼儿不自觉地产生了表现好就是为了获得“小红花”的功利心理。为此，陈老师积极改变家长和幼儿过于重视“小红花”的观念，让他们对“小红花”形成一种正确、积极的态度，让奖励“小红花”成了培养幼儿上进心的一种有效工具。

（三）反思拓展

上进心是一种激励人们前进的力量，它存在于每个人的生命中，就像自我保护的本能一样。正是上进心这种自我推动品质激励着人们向自己的目标前进。由于人类的成长是无限的，所以上进心和愿望也是无法满足的。最终，上进心这种伟大的激励品质会使一个人生活得更加崇高。那么，如何培养幼儿的上进心呢？

1. 妥善解决幼儿的每一次提问

提问是人的求知欲在幼儿期的主要表现。教师不能消极对待幼儿的提问，比如说：“到旁边玩去，没看到老师正在忙吗？”更不能无礼反驳，比如说：“你怎么这么蠢呢？”这样必然会打击幼儿的求知欲，时间一长，幼儿将逐渐对提问失去兴趣，从而丧失上进心。

幼儿提出的问题，有的很浅，有的较深，有的特显无知，有的很富有想象力。对待这些问题，教师都应正面回答，如果有时间，还应把它与幼儿已掌握的知识或喜爱的事物联系起来。如果出现无法回答或不好回答的问题，教师应坦诚地告诉幼儿，并尽快向有关专业人员咨询，或通过上网等手段查询，获取答案及回答的方法，再及时反馈给幼儿。妥善解决幼儿的每一次提问，是对幼儿求知欲的最直接的保护，是培养幼儿上进心的基础。

2. 提供宽松的成长环境

幼儿没有上进心，大多是因为惧怕失败。所以，教师要给幼儿提供一个相对宽松、自由的成长环境。当幼儿做错事或相应的知识学习不理想时，教师不能给幼儿施加压力，而要以宽容、理解的心态去认可并鼓励幼儿，告诉幼儿一次失败并不代表永远失败。教师要在肯定幼儿的同时对幼儿提出希望，和幼儿一起憧憬，从而激发幼儿的上进心。

3. 在游戏中激发幼儿的上进心

许多幼儿喜欢玩扑克、跳棋、军棋等。这些棋牌游戏本身就存在着竞争，教师可以在和幼儿玩的过程中，有意识地加以引导，激发幼儿的上进心。有些幼儿教师在和幼儿玩棋牌游戏时，往往只注重让幼儿体验成功，总是想尽办法让幼儿赢。久而久之，幼儿在困难和挫折面前就会变得输不起，这对培养幼儿的竞争意识是非常不利的。

只有让幼儿经受成功和失败的轮番考验，他们的意志才能磨炼得越来越坚强，他们才能更有斗志。正确的做法是：当幼儿在棋牌游戏中失利时，要帮幼儿分析原因，让幼儿总结经验教训，并教育幼儿要以平常心来对待输赢。

4. 借助同伴的力量

很多幼儿都喜欢与不如自己的同伴玩，因为这样会更有优胜感。同样的道理，如果幼儿的同伴比自己强，幼儿就会非常想表现自己，让自己变得更突出的欲望就会被激发出来。所以，教师要积极帮幼儿选择能激发幼儿上进心的同伴，多为幼儿提供与该同伴相处的机会，如一起郊游、学习、吃饭等。幼儿在同伴的带动下，竞争意识会慢慢增强，不服输、不能比别人差的信念会让幼儿更有上进心。

教师在采取这种方法激发幼儿的上进心时，应注意两点：

（1）给幼儿选择同伴时，要考虑幼儿本身的性格特点和兴趣、特长，所选择的同伴应与幼儿的性格、兴趣相同或相近，而且最好只在某些方面比幼儿强。这样的同伴才会让幼儿既有压力又有动力，反之则会让幼儿的自信心受挫。

（2）幼儿与同伴相处时，教师不要过多地干涉，更不要当着同伴的面数落幼儿，要注意保护幼儿的自尊心。

5. 让幼儿拥有一技之长

激发幼儿的上进心，关键是要让幼儿知道自己的能力并相信自己一定能行。所以，教师要注意鼓励幼儿学习更多的技能。

教师要从了解每一个幼儿的兴趣和爱好入手，培养每个幼儿都拥有一技之长。鼓励幼儿在公众场合或在亲友面前展示自己的特长和才艺，这样可以强化幼儿的优势，增强幼儿的自信心，使幼儿自觉地通过不断的努力来使自己做得更好、取得更好的成绩，这样，幼儿的上进心就会在不知不觉中被激发出来。

6. 让幼儿具有创新意识

对幼儿而言，无论是一幅信手涂鸦的简笔画，还是一种游戏的新玩法，抑或一道数学题的新解法，只要是幼儿感兴趣的，他们都能从中感受到快乐。这时候，教师不能用传统的教育模式和观念来限制幼儿，束缚幼儿的好奇心和想象力，而是要善于激发幼儿的求知欲，鼓励幼儿尝试用自己的思路去解决问题，并让幼儿积极尝试各种不同的方法，让幼儿在动手、动脑的过程中进行发散思维，使思路更开阔。这样，幼儿不仅会具有创新意识，而且能从中获得成就感，变得更加有上进心。

7. 鼓励幼儿多参加竞赛

教师在幼儿园应多组织以班、组为单位的智力竞赛、体育比赛等。这些竞赛是一种集体竞争行为，要求每个幼儿既要发挥出自己最大的潜能，又要互相合作协调，使整体取得成功。在这些竞赛中，为了不在自己这个环节上出问题，幼儿自然会力求上进。

教师要让幼儿在公平和平等的竞争氛围中学会如何与同伴默契配合，懂得该如何把集体和个人的力量融合起来。这样既锻炼了幼儿的能力，又提高了幼儿的团队意识和集体观念，还能使幼儿奋发向上，一箭“三”雕，何乐而不为呢?

8. 恢复幼儿的上进心

由于家庭或其他种种原因，有些幼儿可能已经失去了上进心，为此，教师应积极采取措施使幼儿恢复上进心。具体的做法有：

(1) 停止指责和批评。幼儿造成的一些错误已经不能改变，教师不能一味地批评，这样只会对幼儿造成更大的伤害，还会破坏师生之间的感情。教师应多和幼儿交流一些错误以外的事情，让幼儿自己意识到改正错误的必要，从而恢复上进心。

（2）建立正确的比较方法。教师要让幼儿学会不和别人比，而是自己和自己比。要让幼儿看到自己每天的进步，并对幼儿加以鼓励。这样，幼儿的上进心就会慢慢恢复。

（3）帮助幼儿创造感受成功的学习机会。教师要为失去上进心的幼儿降低学习或游戏难度，让幼儿多感受成功的喜悦，并让幼儿树立容易实现的目标，让幼儿在并不困难的情况下完成任务，以帮助幼儿在获得成功的满足感的过程中，逐渐恢复上进心。

（4）培养幼儿的良好情绪。一个不快乐的人是不容易做成事情的，幼儿也是一样。如果幼儿的情绪不佳，他就容易失去上进心，所以教师应在幼儿情绪低落时，多创造让幼儿情绪高涨的游戏情境，如让幼儿多与同伴交流、做适当的运动等。此外，教师要给情绪低落的幼儿一定的空间和时间。

培养幼儿的上进心不是一朝一夕的事，但只要教师通过持续的教育和引导，幼儿就会慢慢变得积极上进，将来更具有竞争力。